Mujer
power

Mujer power

Belén Soto

ALFAGUARA

Mujer power

Primera edición en Chile: diciembre de 2020
Segunda edición en Chile: junio de 2023
Primera edición en México: agosto de 2023

D. R. © 2020, Belén Soto

D. R. © 2023, de la presente edición en castellano para todo el mundo:
Penguin Random House Grupo Editorial, S. A.
Av. Andrés Bello 2299, of. 801, Providencia, Santiago de Chile

D. R. © 2023, derechos de edición mundiales en lengua castellana:
Penguin Random House Grupo Editorial, S. A. de C. V.
Blvd. Miguel de Cervantes Saavedra núm. 301, 1er piso,
colonia Granada, alcaldía Miguel Hidalgo, C. P. 11520,
Ciudad de México

penguinlibros.com

Diseño de cubierta e interior: Victoria Gallardo C.

ISBN: 978-607-383-428-5

Impreso en México – *Printed in Mexico*

Índice

Mujer power:

MUJER: PROVENIENTE DEL GÉNERO FEMENINO
POWER: PROVENIENTE DEL PODER
PODER: INFORMACIÓN
= LA INFORMACIÓN ES PODER.

Definición:

SI TIENES LA INFORMACIÓN Y LAS
HERRAMIENTAS, TIENES EL PODER EN TUS MANOS
= MUJER DE PODER.

NO ESTÁS SOLA

¡No estás sola!

Comienzo esta nueva aventura, mi segundo libro, frente a mi computadora. Ahora con más herramientas, más madurez y más conciencia de mis pensamientos y acciones... o al menos eso espero.

Sé que es posible que no me conozcas, así que permíteme presentarme antes de continuar.

Soy Belén. Pero ante todo, soy mujer.

Vengo de una familia de padres divorciados, como muchos otros niños y niñas en el mundo. Crecí siendo testigo de violencia, yendo a audiencias judiciales y recibiendo visitas constantes de trabajadores sociales. Nunca tuve un vínculo real con mi padre, no pude llegar a conocerlo bien. Murió de cáncer y tumor terminal cuando yo tenía catorce años. Era un hombre violento y nuestra relación siempre había sido distante. No quería estar cerca de alguien que había abusado de mi madre durante años. Nunca le mostré ningún afecto. El día que me dijo «te amo, hija» me quedé callada, me di la vuelta, angustiada, y me fui. Esa fue la última vez que lo vi. La muerte se lo llevó sin previo aviso y no me dio la posibilidad de despedirme.

Comencé a trabajar en la industria de la televisión en Chile cuando tenía tres años, interpretando papeles en comerciales, y luego incursioné en la radio. Así gané mi primer sueldo. A los nueve años hice un papel en una serie de televisión que me lanzó a la fama y gané mi primer premio a Mejor actriz chilena. Ese programa me llevó a donde estoy hoy, sentada aquí frente a mi computadora, contándote una historia que todavía encuentro difícil de aceptar.

Hoy en día parece ser común que la mayoría de las personas experimenten una relación abusiva durante su vida, sin importar la edad, el género o la experiencia. Al menos eso es cierto para mí, ¿te ha pasado también?

Desde los quince tuve que soportar tres años de tormento en una relación abusiva con un hombre quince años mayor que yo. Él era el director de una de las series de televisión que estaba filmando. Era una de esas personas que siempre tienen una gran sonrisa y un habla amable, por lo que no esperas que se convierta en alguien violento. Pero ahí es donde se esconden los peores abusadores. A los quince años no solo se aprovechó de mi inocencia e ingenuidad infantil, sino que también me manipuló y abusó como quiso de mí, tanto sexual como psicológicamente. Perder la virginidad en un motel de pago por horas es una de las situaciones más repugnantes que puedas imaginar. Sin lubricante, sin amor, haciéndome sentir que eso era tener «sexo», en otras palabras: «solo para satisfacer al hombre».

Me hizo creer que estábamos en una relación, pero debía mantenerlo en secreto. No pude decirle a nadie sobre nosotros, convirtiéndolo en «un juego» en el que tenía que obedecer todas sus órdenes y reglas para hacer las cosas más divertidas. Era sumisa. Me hizo perder mis propias opiniones y la libertad de expresarme, controlando todo, desde la ropa que vestía hasta con quién hablaba en las redes sociales. Privándome de trabajos y oportunidades para que no estuviera en contacto con otros hombres.

Una de las cosas que más lo emocionaba y excitaba era verme como una colegiala, me compraba disfraces y me obligaba a bailar para él.

A medida que pasaban los años, me fui alejando cada vez más de mi familia y amigos. Como parte de nuestra de nuestra dinámica tuve que aceptar que me engañara todo el tiempo con otras mujeres, ya que me decía a la cara que yo no era suficiente. Tuve que acceder a eso porque supuestamente era normal (según lo que él me decía a su conveniencia) y lidiar con eso en silencio.

Cada vez que intentaba romper con él, me manipulaba diciendo que se iba a matar, que no lo valoraba. Me prometió cien veces que iba a cambiar y todas las demás excusas que te puedas imaginar o que también hayas escuchado en algún momento.

Y así terminé quedándome en esa relación, sin saber cómo irme, creyendo que estaba enamorada, pero en realidad estaba atada a una persona que no me dejaba ser libre. Es difícil de explicar. Incluso a esta edad no puedo entender cómo terminé allí.

Recuerdo una vez que tuve una conversación con una amiga, en la que hablamos sobre el sexo que ella tenía con su pareja. Lo describió como extraordinario, uno de los mejores sentimientos, y en especial sobre su momento favorito: «el orgasmo». ¡Un gran tema! En su momento le pregunté más al respecto, cuestionándola sobre lo que sentía cuando llegaba al orgasmo porque, a mi modo de ver, solo el hombre la pasaba bien y quedaba satisfecho, no yo. Ahí fue cuando aprendí más sobre ese tema y me di cuenta de que mi amiga la pasaba increíble, pero ¿qué me pasaba a mí? ¿Por qué no podía decir lo mismo? Entonces ¿qué estaba haciendo mal? ¿Quizá el problema no era yo?

Ese mismo día comencé a indagar más en el tema y con casi diecisiete años llegué a la conclusión de que era anorgásmica, ya que eso fue lo primero que me mostró Google. Comencé a creer que yo no valía nada y por eso no podía satisfacerlo de la forma en que él quería.

¿ANORGÁSMICA?

Algún tiempo después tuve una cita con un ginecólogo:

—Creo que tengo un problema.

—¿Qué es?

—Umm... la cosa es que no tengo orgasmos cuando tengo sexo con mi pareja.

—¿Duele?

—No.

—¿Te masturbas?

—Umm… sí.

—¿Y cuando te masturbas tampoco tienes un orgasmo?

—Uh, no. Quiero decir, sí. Es diferente, cuando yo... sí, tengo orgasmos, los tengo. O al menos creo que lo hago.

—Ok, entonces no hay ningún problema. Quiero decir, no contigo.

—¿Con quién?

Silencio.

—¿Tu pareja usa lubricante?

—Umm, ¿qué es eso?

—Bien, ahora entiendo todo.

Llegué a la conclusión de que algo andaba mal en mi anatomía, pero el problema no estaba en mi cuerpo. Cuando estábamos en la cama, no me veía, no se preocupaba por mí, no me escuchaba.

¿Te ha pasado eso? ¿Sientes que tu pareja no se preocupa por ti? ¿Te cuesta expresar lo que te gusta y lo que quieres?

Si la respuesta es «sí», tienes que hacer algo. A veces pensamos que los problemas son nuestros, pero no olvides que el sexo se trata de dos personas. Si esto te hace sentido y quieres saber más, no te preocupes, vamos a hablar más sobre esto en el capítulo AMOR, SEXO Y OTRAS COSAS.

Bueno, la verdad es que no quiero darte más explicaciones sobre lo difícil que fue para mí salir de ahí. Fue un proceso largo, que terminó el día que lo vi con mis propios ojos engañándome. Ese día, y en ese momento, me quedé paralizada. En resumen: traté de golpearlo, me sentí cobarde, me subí a mi auto, llorando y manejando al mismo tiempo, tuve un ataque de pánico... y ¡BOOM! Vi mi vida pasar frente a mis ojos en un segundo. Estuve a punto de perder la vida en un accidente automovilístico.

No podía dejar de llorar y temblar. Me sentía sola y llena de dolor. Pensaba que era una mujer poderosa, pero por dentro solo era una niña que no sabía lo que estaba haciendo.

Cuestioné todo lo que había hecho y cómo me permití llegar a ese punto. ¿Me amé tan poco como para quedarme tanto tiempo? ¿No valoré mi propia vida?

Uno de los primeros temores que me vino a la mente fue que pudiera haber contraído el VIH. Empecé a contar todas las infidelidades que había tenido F (así lo llamaba yo). Nunca lo habíamos hecho con condón, ya que a él no le gustaba, y en ese momento no sabía si era culpa suya o mía, pero siempre hice lo que dijo, por lo tanto, ¿con cuántas mujeres hizo lo mismo? Apenas tenía diecisiete años y sentía que mi vida se estaba desmoronando.

Al día siguiente corrí al médico sin que nadie lo supiera para hacerme la prueba. Salió negativa y volví a respirar. Fue una lección de la que aprender.

No voy a mentir, pasé meses pensando en él. Desde ese día no he tenido contacto con él. Él trató de encontrarme, de arreglar las cosas, pero de una forma u otra traté de mantenerme fuerte, de salir de allí para siempre.

El proceso de salir de una relación abusiva es largo. Después de mi relación con F, comenzó la relación abusiva conmigo misma. No fue fácil. Puede sonar ridículo, pero fue como perder a mi Dios. Sí... lo digo así porque al final él controlaba todo, yo no podía tomar ninguna decisión, su frase típica era «yo ya vengo de vuelta», por lo tanto, lo que él dijera era la verdad. Me volví insegura y me llené de miedos. No me amaba a mí misma ni un poco. Caí en una depresión que duró más de dos años, con constantes ataques de pánico y una adicción al azúcar. Me volví bulímica, gané más de quince kilos mientras luchaba contra dietas abusivas, tratando de amar mi cuerpo de nuevo. Perdí muchas oportunidades porque no podía ser feliz y estaba en una batalla diaria conmigo misma, con mi mente y mi cuerpo, que se habían convertido en mis nuevos enemigos.

Pero aquí es donde comienza mi nueva historia, la que me lleva hacia el amor propio, un viaje que no es fácil, ya que tiene altibajos diarios, pero un viaje que es para siempre porque, recuerda, el amor propio no es una moda pasajera. Está formado por hábitos que debemos aplicar a nuestra vida, todos los días y para siempre.

Créeme que no hay mejor sensación que sentirse empoderada, pero es un trabajo que empieza contigo. Por eso espero que juntas, con este libro, podamos responder a todas las preguntas que nos hemos hecho cuando nos sentimos vulnerables como mujeres y como seres humanos.

A ti, querida lectora, quiero decirte que no estás sola si estás pasando por un momento difícil. A pesar de los dolores de amor que nos desgarran el alma en miles de pedazos, del dolor que proviene de las relaciones familiares desastrosas, de la mirada crítica de los demás (o incluso de la propia), debes estar segura de que eres fuerte y de que habrá siempre alguien en quien puedas apoyarte.

Estoy segura de que no podré dar respuesta a todas las preguntas que miles de mujeres me han hecho (¡ojalá las tuviera!), pero haré mi mejor intento por ayudarte. No quiero que este libro sea un manual de teorías complejas, sino una guía de consejos sencillos y directos; la guía que a mí me hubiese gustado leer años atrás para convertirme en una mujer power. Así que, si me ves como una amiga, vamos bien.

Para trabajar en tu desarrollo personal no hay una fórmula mágica: cuando empiezas a creerte el cuento, la seguridad poco a poco se apodera de ti, y digo «poco a poco» para que no pienses que los cambios se ven de un día para otro. Si tu lucha de aceptación ha tomado mucho tiempo, no te preocupes: cada proceso es único y particular. Cada mente funciona de una manera diferente, y en realidad lo único importante es que aceptes dar el paso y digas «voy a salir de esto», «puedo mucho más», «soy mucho más de lo que yo misma pensé».

Es fundamental que seas valiente, honesta contigo y que te quites de encima el miedo. Cuando eso pase te darás cuenta de que tienes el poder de decidir sobre tu vida, y empezarás a escuchar con claridad lo que tu cuerpo y tu alma te piden.

Si estás pasando por un mal momento, tranquila. La mayoría de los problemas tienen solución… Y si la solución no existe, ¿de qué te preocupas?

«Perdona el pasado y perdónate a ti misma. Da vuelta la página y ve de qué manera puedes volver a ser feliz», me decía siempre mi mamá, y creo que es una frase que te puede servir a ti también para empezar este viaje.

Piensa algo: ¿viniste al mundo para pasarlo mal?, ¿para estar angustiada?, ¿para no gustarte? Yo creo que la respuesta es NO, así que regálate la oportunidad de salir adelante y darte cuenta de lo que quieres ser y lo que no; aprende a reconocer qué te tira para abajo, qué te provoca angustia o ansiedad.

Y no creas que esconderte es la solución. Si estás leyendo este libro es porque quieres un cambio en ti, y te aplaudo. ¡Eres muy valiente! Te aseguro que te irás sintiendo cada vez mejor, porque TE LO MERECES.

Antes de seguir leyendo estas páginas tómate un momento, respira, mírate al espejo y hazte estas preguntas:

- ¿Qué quiero de mí?
- ¿Soy feliz?
- ¿Qué significa ser feliz?
- ¿Por qué quiero serlo?

Cuando yo hice este mini cuestionario, tomé conciencia de que no era feliz y de que me sentía insatisfecha por distintas razones que iban de lo más profundo de mi ser a lo más superficial. Y como no me daba el tiempo de escucharme, tensaba y tensaba el nudo de mis emociones reprimidas.

Dejo aquí un resumen de lo que más me caracterizaba en ese tiempo:

ANTES...

- Permitía que me pasaran a llevar.

- No aceptaba mi cuerpo y manifestaba odio hacia él.

- Sentía que mis «kilos de más» me jugaban en contra.

- Apagaba la luz para no mirarme al espejo y así no ver mi celulitis a la hora de entrar a la ducha (lo mismo aplicaba al momento de tener relaciones sexuales, siempre apagando la luz para que no me vieran).

- No sabía decir «NO».

- Hacía cosas que me causaban infelicidad.

- Trabajaba en ambientes laborales que no me gustaban.

- Vivía para trabajar y no trabajaba para vivir.

- No me sentía libre para hablar sobre sexualidad.

- Me juntaba con personas tóxicas.

- Me importaba e influía en mi vida la opinión del resto.

A lo largo de este libro te iré proponiendo ejercicios que puedes hacer para revertir conductas de inseguridad como estas. Y no lo digo desde una posición de superioridad. Espero algún día poder contarte la cantidad de tonterías que hice para poder «volver a quererme». Espero que no seamos muchas las que hemos cometido errores por satisfacer al resto, pero si es así, riámonos juntas, ¡y bien fuerte!, de todos nuestros tropiezos. Lo importante es que ahora tengas claro que...

¡Eres mucho más de lo que crees!

Observaciones antes de empezar

Te invito a que tengas paciencia, dedicación y una actitud abierta, porque este libro se tratará de tu historia y de cómo quieres transformarla. Te contaré sobre mis pensamientos y experiencias, pero lo más importante es que sepas que, seas quien seas, estés en la etapa de vida que estés, esto pasará por ti. No existe una edad específica para convertirse en una mujer power, es decir, una mujer de información. Porque la información es poder, pero no necesitas tener más o menos experiencia, lo importante es que aprendas a escucharte y a conocerte porque, si lo haces, más rápidos serán los cambios. ¡Verás el lindo viaje que te espera!

Este libro/manual está pensado para que escribas en él. Trátalo como un diario, como hacíamos cuando éramos chicas. Es personal e intransferible. Te invito a que lo cuides. Este exigirá que te tomes tiempo para reflexionar, hacer ejercicios, responder quiz y trabajar en tareas. No te preocupes por terminarlo rápido. Vamos juntas, paso a paso y sin miedo.

Este libro no es
solamente un libro:
es un diario, una
guía y el confidente
de una espectacular
mujer llamada...

(Y desde ahora es parte de su propiedad privada)

El viaje

Cuando comencé mi viaje en búsqueda del amor propio tuve mil y una caídas, me equivoqué de camino, me perdí. Era tanta mi ansiedad por quererme y sentirme empoderada que deseaba que llegara alguien y me entregara la fórmula, pero luego me di cuenta de que los cambios debían partir por mí. Te toparás muchísimas veces con esta frase durante la lectura, porque considero importante que lo recuerdes y hasta te lo escribas en la frente si es necesario. Si hoy quieres hacer cambios, pero estás sentada esperando que otros actúen, no es la forma, amiga. Eso sí: tu entorno te puede ayudar y es fundamental que te rodees de personas que te sumen, te inspiren y apoyen. Yo pasé años deprimida sin que nadie se diera cuenta. No me atreví a pedir auxilio, y por lo mismo sufrí sola mis peores angustias, penas, trastornos alimenticios y pérdida de confianza. No tuve el coraje suficiente para aceptar lo que estaba viviendo. Gracias a eso aprendí— y sigo aprendiendo— a no ser orgullosa y controlar el miedo a mostrarme vulnerable.

En esa época me di cuenta de que tenía muchísimos conflictos internos bastante más serios que si me gustaban o no mis piernas. Entendí, de hecho, que mis inseguridades más profundas no estaban centradas en mi cuerpo, ¡para nada! Mis temores y conflictos más importantes eran emocionales. Pensaba en el qué dirán y pretendía manejar todo lo que opinara o creyera el resto de mí. ¿En qué momento les dimos el derecho a otras personas de comentar o criticar lo que hacemos, lo que decimos, lo que comemos, lo que pensamos, lo que queremos y, en definitiva, lo que SOMOS? ¿Vivimos para los otros o para nosotras mismas? En ese período, y en respuesta a esa ansiedad, decidí trabajar para lograr lo que más deseaba: convertirme en una mujer power. ¡Sí!, eso era lo que hacía tanto tiempo que estaba buscando. No quería seguir siendo pisoteada ni pasada a llevar, quería sacar la voz sin vergüenza, sin pudor; quería poder conversar de todos esos temas que me complicaban, por ejemplo, el placer sexual y la masturbación femenina. ¿Por qué sigue siendo un tabú asumir que las mujeres también nos masturbamos? Entrando en confianza y siendo bien amigas, ¡a mí me encanta!, y por lo mismo me da impotencia ver que se nos enseña tan poco al respecto. Miles de mujeres hemos tenido que aprender solas sobre nuestra vulva, su lubricación, su anatomía, y sobre sexualidad en general, investigando en medios que no son los más indicados para adolescentes que recién comienzan a indagar en estos temas.

Te puede parecer algo puntual, pero abordar la sexualidad será muy importante dentro de nuestro viaje. Encontrarnos, escucharnos, tocarnos, conocer lo que nos gusta y poder conversar con libertad son aspectos clave. Así lo haré. Me interesa que te descubras, si aún no lo has hecho. Recuerda: esta relación es contigo. Eres tuya. Dedícate a conocerte.

Ese era uno de mis tantos temores, pero en este camino hermoso de autoconocimiento me di cuenta de cómo las inseguridades son transversales y se expresan en todo: en lo que comemos, en cómo nos vestimos, en los colores que utilizamos, la forma en que hablamos de nosotras mismas, las relaciones de amistad que tejemos, las redes sociales… ¡todo es un reflejo de ti!

Los temas que trabajaremos en este libro te servirán para tomar la decisión de llegar a ese lugar de empoderamiento, a pesar del machismo y el patriarcado, que están tan presentes, aunque no queramos.

Espero que este recorrido lo hagas por ti, no para satisfacer a otro. Verás cómo tu mente se aclara. Seguro que eso que tanto creías que estaba mal en ti era solo un obstáculo inventado que te impedía convertirte en lo que quieres ser.

10 COSAS QUE

debes recordarte
a diario

1. Respétate, quiérete, cuídate.

2. Eres increíble.

3. Puedes hacer lo que te propongas.

4. Ser positiva es una opción (y la mejor).

5. Estás preparada para ser exitosa.

6. Sé valiente, ten coraje.

7. Si tú quieres, ¡puedes!, y si no, lo intestaste.

8. Nadie debe destruir tus sueños.

9. Todas somos distintas, no caigas en la comparación.

10. Ámate a ti y luego ama al resto.

Y LO MÁS IMPORTANTE: CRÉETE EL CUENTO

CAPÍTULO UNO

El compromiso es contigo

ACEPTA SER TU NOVIA

Mírate al espejo y acepta ser tu novia

Hay un ejercicio que me encanta hacer siempre antes de comenzar a reconocerme a mí misma, si ya lo has hecho, maravilloso, pero si no, te invito a que cierres este libro, te levantes, busques el espejo más cercano (ojalá uno ubicado donde tengas privacidad), te desnudes y te pidas perdón. Si sientes ganas de llorar, ¡hazlo!, es normal, y además es una reacción muy bonita (a mí también me pasó). Puedes poner una *playlist* con tu música favorita y cantar, gritar, lo que sea. ¡Todo vale! Luego recupérate, vuelve a abrir este libro y sigamos.

Suena extraño decir «acepta ser tu novia», ¿no? Jamás se me hubiera ocurrido antes de hacerlo. ¿Te has preguntado qué significa una relación? Quizá cada una tiene su propia concepción de esta palabra. Para mí significa AMOR, CONFIANZA, COMPROMISO, PACIENCIA y VULNERABILIDAD. Cinco conceptos fundamentales, porque sin ellos las relaciones se quiebran, no perduran, no funcionan, no hacen feliz y no son.

Esta regla de cinco palabras funciona para todo tipo de relaciones: amistosas, familiares, románticas, y también para esa que tienes con la persona más importante, o sea, tú misma.

Es gratificante pensar en los vínculos que tenemos con gente que queremos, pero sobre todo con nuestras parejas. ¿Te has puesto a pensar alguna vez en TODO lo que uno hace durante el día por ese otro? *Wooow*. Es PARANORMAL, TERRORÍFICO y, a veces, ¡IRREAL! Llegas a querer tanto que comienzas a hacer cosas que nunca antes pensaste (no te sientas mal ni te avergüences, porque a todos nos pasa).

Lo más natural del mundo es que tú y yo pensemos distinto, aunque espero que manejemos una idea parecida del amor. El romanticismo es genial, pero puede tener un lado B cuando pasa a ser un amor tóxico o una relación basada en el apego, por lo que puede ser contraproducente. ¿Has cambiado alguna cosa en tu vida por una pareja? Comencemos por mí. Yo, miles: postergué mis sueños, proyectos, metas, dejé de decidir por mí misma, me volví frágil, débil, y me sentí incapaz de hacer las cosas sin él. Si te ha pasado, más adelante te daré unos consejos para saber decir *thank you, next* ante estas situaciones que solo nos estancan.

Hay una reflexión en torno al amor que me gusta mucho. Cuando uno ama a alguien, te dan ganas de tener gestos cariñosos con esa persona: cocinarle, tratarla bien, decirle palabras lindas y un largo etcétera, pero ¿qué pasaría si hiciéramos todo lo contrario?, ¿si la tratáramos mal y le dijéramos cosas hirientes sobre su apariencia, como «Estás gordo/flaco» o «No sirves para nada»? «¡Te odio!». ¿Esa persona querría estar contigo? ¡NO! Entonces, si sabemos que no podemos tratar así a una persona que queremos, ¿por qué sí lo hacemos con nosotras mismas? Seguro que en alguna ocasión te has parado frente al espejo y te has dedicado a mirar cada pliegue de tu cuerpo. Puede parecer algo inofensivo pero después de eso es súper fácil pasar al siguiente nivel en que nos convencemos de que no somos buenas para nada y todo en nosotras está mal. ¿Recuerdas cuándo fue la última vez que te miraste con una sonrisa y te dijiste «Te quiero», «Qué linda te ves hoy» o, incluso, «Puede que hoy no sea tu mejor día, pero intentaremos revertirlo»? ¿Cuándo fue la última vez que te consentiste, te regaloneaste, te diste un gusto?

Te invito a que trabajes el vínculo contigo tal como si se tratara de un noviazgo.

RECUERDA 2 COSAS:

1. No puedes amar a otro si no has aprendido a amarte a ti.

2. La única relación que nunca vas a poder romper es la que tienes contigo misma. Te podrás enojar, podrás fracasar, podrás querer mandarte a la mierda veinte mil veces, pero jamás te podrás dejar. Al resto sí.

Importante

PARA BIEN O PARA MAL, ESTAMOS
DESTINADAS A ESTAR CON NOSOTRAS POR EL
RESTO DE NUESTRAS VIDAS, ASÍ QUE ES MEJOR
QUE HAGAMOS DE ESTO UNA EXPERIENCIA GRATA.
VINISTE AL MUNDO PARA DISFRUTAR,
QUERIDA MÍA.

Ten una cita contigo

Busca un lugar lindo donde te sientas cómoda y a gusto; un lugar en el que te puedas tratar como te gustaría que te trataran, y responde estas preguntas.

¿Cómo te llamas?

_____

_____

¿Cuántos años tienes?

_____

_____

¿Estudias? ¿Trabajas?

_____

_____

¿Qué te gusta hacer en tus ratos libres?

_____

_____

¿Cuáles son tus *hobbies*?

¿Color favorito?

¿Película favorita?

¿Comida favorita?

¿Cuál es tu sueño en este momento?

¿Cuál es tu mayor inseguridad con tu cuerpo?

¿Cuántas relaciones has tenido?

Si tuvieras un accidente ahora, ¿a quién llamarías?

¿Quiénes son tus amigos y amigas?

_____
_____
_____
_____

¿Cómo te definirías en una palabra?

_____
_____

¿Te consideras una persona positiva o negativa?

_____
_____

¿Qué te gustaría comprarte en este momento?

_____
_____

¿Cuántas veces te masturbas?

_____
_____

¿Te sientes plena con tu cuerpo?

_____
_____

¿Qué es lo que más amas de ti?

_____
_____

¿Te gustaría tener hijos o hijas?

_____
_____

¿Te dijiste hoy «Te amo»?

_____

_____

Si tuvieras que irte a una isla y solo pudieras llevar

cinco cosas, ¿cuáles serían?

_____

_____

_____

Si pudiste contestar todas las preguntas, me alegro; es el primer paso para comenzar a conocernos y reafirmar quiénes somos. Quizá gran parte del cuestionario te resultó fácil de responder, pero ahora subiremos un poquito el nivel de complejidad. Toma tu lápiz y contesta estas dos preguntas. Quiero que lo hagas con sinceridad y te tomes un tiempo más largo para pensar. Si es necesario, cierra el libro.

¿Por qué me quiero?

¿Por qué **no** me quiero?

¡Me encantaría saber qué escribiste! Cuando yo me hice esas dos preguntas por primera vez, anoté las respuestas en un cuaderno y me di cuenta de que había escrito más en la columna de *por qué no me quiero* que en la otra. Al principio me sorprendí. No entendía cómo era posible que hubiera más aspectos que no me gustaran de mí.

Si te pasó lo mismo, ¡genial, somos dos! ¡Bienvenida al club de las que nos cuesta valorar las cosas lindas que tenemos!

Y si tuviste más respuestas en *por qué me quiero*, ¡encuentro que eres genial! Y también: ¡bienvenida al club de las que queremos ser todavía más increíbles!

Tener conciencia tanto de nuestras virtudes como de nuestros defectos nos ayudará a convertirnos en nuestra mejor versión. Solo quítale el peso a lo malo.

AVANCEMOS JUNTAS
EN ESTE DESCUBRIMIENTO

¿Cuánto te quieres hoy?

CAPÍTULO DOS

Sana y feliz

¿ERES FELIZ HOY?

#SanayFeliz

Un aspecto súper útil para el desarrollo personal es examinar nuestra rutina e identificar qué nos provoca felicidad, disfrute, ansiedad o angustia.

Estar sana y feliz son mis prioridades hoy, por eso he comenzado, entre otras cosas, a darle importancia a mi salud mental. Al principio es difícil tomar esa decisión. Es complejo, sobre todo, dejar conductas o hábitos que tú pensabas que te hacían bien, pero en realidad te dañaban.

¿Te has preguntado si hoy estás feliz? Es una buena manera de comenzar a cuestionarte tus acciones para poder ver un panorama completo de lo que te puede estar afectando. En el proceso de volver a conocerme me di cuenta de que el cuerpo habla por sí solo y va dando señales que a veces ignoramos o a las que les restamos importancia.

Quiero contarte una experiencia que me ocurrió entre los años 2018 y 2019, antes de publicar mi primer libro, y que me hizo reflexionar muchísimo sobre lo que estaba haciendo en ese momento. La Belén de ese tiempo ya era una mujer mucho más empoderada; quizá tanto, que a veces ni yo misma la reconocía. Llevaba muchísimo rato trabajando en el amor propio, en mi respeto, en el respeto dentro de una relación… pero había un aspecto de mi vida que, al parecer, no lograba dominar aún: el laboral. No lograba hacerme respetar en este plano y me sobreexigía pese a que mi cuerpo me gritaba que no podía más. ¿Te ha pasado? En ese momento me encontraba grabando una serie que no me tenía feliz. Interpretaba un personaje, para mi gusto, malísimo. Me cargaba. Para mí la actuación siempre ha sido un *hobby*, porque es lo que me apasiona y lo que me mueve, pero por primera vez me comenzó a pasar algo muy extraño: esa pasión se había convertido en una pesadilla, tanto así que ya ni siquiera me daban ganas de levantarme para ir a grabar. Y no era solo el personaje, sino que un conjunto de cosas, entre ellas el ambiente del trabajo, la competencia, los chismes, la rivalidad, la diferencia salarial entre hombres y mujeres, los abusos de poder, etcétera. No me gustaba nada de eso porque, queramos o no, nuestras relaciones laborales influyen muchísimo en nuestra paz mental e interior, y estar dentro de un ambiente malo repercute de manera negativa en tu vida, afecta tu seguridad y lo único que provocará será desdicha.

Lo sé, quizá sonará como un pensamiento medio «exquisito» eso de siempre intentar alcanzar lo ideal. Pero ¿por qué no? Es natural aspirar a tener un trabajo que te haga sentir realizada y te desafíe al mismo tiempo, sobre todo, ¡que te haga feliz! ¿Será que como seres humanos hemos tendido a conformarnos con lo que tenemos en vez de arriesgarnos a ir por más? Al menos yo lo veo así. Y te lo comento, querida amiga, porque desarrollar nuestro empoderamiento y amor propio es alcanzar cada una de las ramas de nuestras vidas, y si hoy estás realizando algo que no te llena, quizá es momento de cambiar y de buscar la manera, las oportunidades y las herramientas para poder cambiarlo. Fácil no es, sabemos que sigue existiendo mucha desigualdad, pero tú debes dar el paso de poder abrirte a más opciones en tu vida.

Estrés crónico

El trabajo en esa época me generó un estrés emocional crónico. Sí, la infelicidad tiene consecuencias palpables. Tan palpable fue en mi caso que hasta ¡SE ME CAYÓ EL PELO! Eran mechones y mechones que veía en la tina mientras me duchaba. Era angustiante. Quería llorar, pero pensaba que si lloraba mi cuerpo se estresaría más, así que lo evitaba. Sin duda era una reflexión un poco estúpida. Me estaba quedando sin pelo y para mí era aterrador, porque el pelo suele entregarnos muchísima seguridad y siempre ha sido uno de mis atributos favoritos.

La situación se puso más *heavy* el día que descubrí que se me veían verdaderos pelones en la cabeza. Tenía en mi nuca un círculo calvo que se iba agrandando cada semana. Comenzó siendo del porte de una moneda y llegó a ser más grande que una pelota de tenis. En ese momento no lo sabía, pero estaba padeciendo *alopecia areata*. Era tal mi desesperación que evitaba hasta lavarme el pelo, porque era cuando más se me caía. Recurrí al dermatólogo, a las cremas, vitaminas, biotina, champú de ortiga. ¡Probé todo!, pero nada sirvió.

Mi crisis de estrés emocional crónico no solo provocó que se me cayera el pelo y pasara con un nudo en el estómago, a eso se le sumó que perdí peso de forma abrupta y me empezaron a aparecer unos extraños moretones en las piernas. Parecía un perro dálmata. Por suerte no me dolían, pero esas grandes manchas moradas estaban ahí y parecía que se multiplicaban cada día, así que fui al doctor. Esta vez no quise ni *googlear* para saber de qué se trataba, porque, queramos o no, Google casi siempre arroja que tenemos algo terrible. Los exámenes indicaron que no era nada grave, solo (adivina) una consecuencia más de mi estrés. Estuve más de cinco meses con mis fieles compañeros morados, escondiendo las piernas, ¡esta vez no por mi celulitis!, sino porque me daba vergüenza mostrarme así.

La pérdida de peso también era una respuesta al estrés. Me impresioné mucho, porque mi tendencia hasta ese momento era a subir. «Qué extraño», me decía. «¿Esto también será producto de mis emociones?».

De nuevo partí al doctor. Bueno, en realidad fui porque mi mamá me obligó, y ahí comprobé que se trataba de otra consecuencia del mal momento por el que estaba pasando. Bajé seis kilos y mi cuerpo seguía y seguía… ¡Algo nunca visto en mí! Podía comerme una hamburguesa, dos cajas de chocolates, ¡todo el refrigerador!, y nada, ni un gramo más, ¡al contrario! Estaba viviendo eso que, cuando padecía de trastornos alimenticios, parecía una maravilla, pero ahora era aterrador.

La guinda de la torta de este período horrible se produjo un día en el que en plena grabación se me paralizó la mitad de la cara. Primero sentí una especie de cosquilleo en mi oreja izquierda, luego esa sensación se me expandió hacia la mejilla izquierda, la nariz y la boca. Tuve que dejar el set y partir corriendo a la clínica para saber qué me estaba pasando. ¡Ufff, qué niña más problemática! No le había dado mucha importancia hasta que el doctor me dijo que tenía una parálisis facial. En ese momento ya me costaba hablar, y una parte de mi boca se veía caída. Me inyectaron un relajante muscular y rogamos estar todavía a tiempo de revertir la parálisis. ¡Menos mal fue así! Luego de unos veinte minutos mi cara empezó a volver a la normalidad. Otra vez la causa de todo esto había sido el famoso ESTRÉS. «Belén, tienes que parar un poco», me aconsejó el doctor. «Si no bajas la carga, te puede pasar algo más grave.» Fue necesario escuchar este comentario categórico para asumir que estaba mal. Por fin empecé a entender lo que había significado estresar mi cuerpo y mi mente a niveles extremos. Mi cuerpo me habló una y mil veces y yo decidí ignorarlo. Hasta que ya no pude más.

GOOGLE RESPONDE:
¿CÓMO BAJAR EL ESTRÉS?

Un día llegué a mi casa y lo primero que hice fue buscar en Google «¿Cómo bajar el estrés?». Estaba dispuesta a poner todo de mi parte para recuperarme, pero la lista que me arrojó el buscador me sorprendió un poco. Fue más o menos así:

- Haga ejercicio.
- Coma bien.
- Duerma lo necesario.
- Medite.
- Déjelo ser. No se preocupe por cosas que no puede controlar.
- Esté listo.
- Busque soluciones.
- Recurra a la palabra.
- Sea realista.
- Diviértase un poco.
- Simplemente diga no.

Fuente: https://www.planproecuador.com/

¿Cómo respondí yo?

WHAT?!

No estaba siguiendo esos pasos en mi vida. ¿Tú sí? Bueno, no voy a mentir: sí hacía ejercicio, creo que comía bien (y harto) y dormía al menos ocho horas diarias. Hasta ahí todo bien, pero ni hablar de meditar o aplicar técnicas de relajación a mi rutina. Y, además, ¿qué era eso de «Déjelo ser»? ¡Era mucho pedir!

En ese momento de mi vida creía que darse un respiro era para débiles y que yo no lo necesitaba, pero ahora no dejo de preguntarme cuántas veces hice cosas que no quería solo por no saber decir NO, o en todas las oportunidades que dejé mis pasatiempos de lado por encerrarme en la casa a trabajar. Fueron infinitas las ocasiones en que no di un descanso a mi cuerpo ni a mi mente. Durante mucho tiempo solo me dediqué a trabajar porque estaba convencida de que era lo único que importaba en la vida, pero ¿para qué?, ¿para demostrarle algo a alguien?, ¿para ser mejor que alguien? Hmm... te diría que al final del día la única persona con la que competimos es con la que está frente a nosotros en el espejo.

Change your mind!

En este libro ya te has topado con la frase «Los cambios comienzan por una misma». Es aburrida, ¡lo sé!, pero cierta, así que ahora la leerás de nuevo: «¡LOS CAMBIOS COMIENZAN POR UNA MISMA, NADIE MÁS LOS VA A HACER POR TI!».

Sabía que solo yo podía hacer algo por mi crisis de estrés emocional, porque solo yo me daba cuenta de lo que estaba viviendo.

Mi ritmo de vida llegó a ser tan ajetreado que hasta me parecía entretenido correr de un lado a otro el día entero. En el rubro en el que trabajo, ser una persona ocupada es sinónimo de ser *cool*, así que intentaba encajar en ese estereotipo. Debo admitir que ese estilo de vida me hace sentir extasiada, pero también estresada, y ya sabemos lo que me provocó el estrés: pérdida de peso, caída de pelo, parálisis facial, cero vida social… todo esto a mis veintidós años. ¿Qué quedaría para cuando fuera mayor?

Me costó muchísimo darme cuenta de que podía tener una mentalidad positiva si me lo proponía. Pero ¡sí se puede! Recuérdalo y métetelo en la cabeza. Yo tendía a pensar de forma negativa, a alegar por todo y a tirarle mierda al resto sin que fuera necesario. Me podía dar la oportunidad de reflexionar, mirar las cosas desde otra perspectiva y no reaccionar de manera impulsiva. Contagiarnos de malas energías es híper fácil, pero no hay que olvidar que esa toxicidad que entregamos a nuestro cuerpo y alma repercute en la persona en que nos convertimos y que quizá no queremos ser. Lo más lindo es poder entregar AMOR al resto y a ti misma.

De ahora en adelante te invito a que intentes invertir todos los pensamientos negativos que tengas sobre lo que sea, a que trates de transformarlos en algo positivo. Hoy debes velar por la persona que quieres ser, en quién te quieres convertir, y recuerda: lo principal es que TÚ estés bien para que tu cuerpo, tu alma y tus pensamientos estén en armonía.

Me propuse el desafío de cambiar mi mente y comenzar a ser positiva; volver a confiar en mis decisiones, cambiar mis hábitos diarios, involucrarme solo con la gente que me hacía bien, resolver los problemas y decir las cosas cuando algo me molestaba. Empecé a usar la frase que me decía mi mamá: «Si algo tiene solución, ¿de qué te preocupas? Y si algo NO tiene solución, lo mismo, ¿de qué te preocupas, entonces?».

Tú construyes lo que quieres ser y tus comportamientos frente a otros y frente a ti misma

RE
COR
DA
TO
RIO

La repetición de:

Tus pensamientos

Tus palabras

Tus acciones

Tus hábitos

Tus ideas

Crea realidades

Hoy x Hoy

#SANAYFELIZ. Así me siento hoy y así creo que me ven los demás. En mi primer libro les conté cómo empecé a escuchar mi cuerpo en lo relacionado a mi alimentación; ahora he hecho lo mismo en cuanto a cómo me siento y cuáles son mis emociones. ¿Cómo reacciona cuando algo no me gusta y cuando algo sí? ¿De qué manera me avisa que no puedo más, o me hace saber la energía que necesito en el día a día?

Debemos aprender a estar conectados con nuestras emociones; aceptar que haya veces en que no queremos hacer nada, y no porque seamos perezosas, sino porque el cuerpo tiene que descansar, ¡y eso no está mal! Debemos acostumbrarnos a que haya días buenos y días malos, permitirnos sentirnos mal y querer mandar todo a la mierda, tomar ese momento, abrazarlo —gritarlo si es necesario—, hacer un *stop* y después ponernos de pie otra vez, esto es parte de nuestra vulnerabilidad como personas y lo que debemos construir todos los días y aceptar dentro de nuestro amor propio, porque de eso se trata el amor propio: conocerte, reconectarte y reconstruirte cuantas veces sea necesario a ti misma. Piensa: tenemos toda la vida para hacer las cosas bien, las cosas correctas, y las equivocaciones son parte del camino. Solo le dan más sabor y aportan aprendizajes a nuestra existencia. ¡No le temas a los errores!

Contesta esta pregunta: ¿Cuánto te quieres hoy?

Te propongo que cierres este libro, camines hasta el espejo más cercano, pienses la respuesta y luego vuelvas, lo abras y sigas leyendo.

Marca la alternativa más sincera.

_____ Mucho

_____ Poquito

_____ Nada

_____ No lo sé

RECUERDA QUE:
- No hay opción correcta, solo la que te parezca más veraz.
- Todos los días puedes tener una respuesta distinta.

¿Cómo generar prácticas de autocuidado?

El amor es algo que se cultiva todos los días: algo que se construye, que una diseña, cree y crea. Es como un árbol al que debemos cuidar de manera balanceada para que nos siga dando frutos. Un poquito cliché, ¿cierto?, pero cuando comenzamos a ponerlo en práctica nos damos cuenta de que es más real de lo que pensábamos, ¡y de que resulta!

Es importante crear hábitos que nos sirvan en nuestra rutina y que luego no se conviertan en una carga. No hay que mentirse ni engañarse, porque si fijamos metas que sabemos que no cumpliremos, solo provocaremos la reacción contraria en el ejercicio del amor propio y el autocuidado.

Te cuento los míos, por si te sirven de ejemplo.

MIS HÁBI-TOS

saludables

1. Necesito sí o sí dormir ocho horas. Planifico mi tiempo de sueño en función de mi horario. Si no, al día siguiente ya sé que no rendiré al cien por ciento.

2. Me gusta levantarme temprano para tener el tiempo suficiente de hacer todo lo que necesito, de lo contrario empiezo el día de manera estresada. Por eso no me gusta andar apurada en las mañanas.

3. Dejo la casa ordenada y la cocina con la loza limpia y seca por las noches antes de dormir.

4. Siempre hago la cama antes de salir. Casa ordenada → mente ordenada.

5. Me ducho apenas me levanto. Sentirme fresca y limpia me encanta y siento que aporta positividad a mi rutina.

6. Me aplico crema en el cuerpo y en el rostro (antes no lo hacía, pero aprendí que es una forma de entregarme cariño. Algo fundamental es cuidar nuestra piel).

7. Me miro al espejo y le digo cosas bonitas a mi cuerpo.

8. Busco una tenida que me guste, con la que me sienta linda y cómoda.(No soy de seguir modas ni tendencias, me visto con lo que me sienta «bien».)

9. Me maquillo un poco: me tapo las ojeras y me pongo harto rubor...

y a veces me gusta no ponerme
nada.

10. Escucho si mi cuerpo tiene
hambre. Si la respuesta es sí,
me dedico a prepararle un rico
desayuno y me doy el tiempo
de sentarme a comer tranquila.
Si es no, lo dejo tranquilo y no
lo ahogo en comida.

11. Antes de salir, me aseguro de
llevar conmigo una botella de
dos litros de agua. Hidratarse
es MUY IMPORTANTE.

12. Entreno por las mañanas, al
menos una hora tres veces a
la semana. (Si no lo logro, me
obligo a buscar el tiempo en
algún momento del día.)

13. Manifiesto al menos una vez al mes en un papel, escrito a mano, todas las cosas e intenciones que me gustaría sembrar. (Manifestaciones de todo tipo de cosas que me gustaría lograr.)

14. Una cosa más loca que me encanta hacer como parte de mi rutina mensual es escribir todos los ciclos/cosas que me gustaría cerrar en cada luna llena. Tanto en relaciones, trabajo, amistades, amor, etcétera.

15. Escribo por las noches todas las cosas pendientes que me quedaron por hacer.

16. Ocupo la agenda o calendario para organizar cada día, con recordatorio si es posible para tener todo ordenado.

17. Algo medio obsesivo, pero que debo hacer, es no tener mensajes sin leer dentro de WhatsApp o el email. Por lo tanto, me doy el tiempo de responder.

18. Agradezco todas las noches las cosas lindas, las cosas malas, y busco los aprendizajes.

19. Saco a pasear a mi perro tres veces al día. Me hace feliz y me entrego ese momento para poder reflexionar y pensar.

20. Comparto con las personas que también me entregan y dedican tiempo.

Estos son unos hábitos simples que he ido incorporando a mi vida. Quizá te parecerán obvios, pero créeme que hace unos años no hacía nada de eso. Me di cuenta de que algo tan básico como ponerme cremas podía hacer una gran diferencia en mí, porque de esa manera también me entrego autocuidado. Si no lo haces tú, ¿quién más lo hará por ti? *Yes!*, vamos entendiendo.

Lo que incorporamos en nuestras rutinas puede ir desde lo más superficial, como cepillarnos el pelo todos los días, hasta algo más emocional, como meditar o dedicarnos palabras positivas frente al espejo. ¿Recuerdas cuando te propuse que fueras tu novia? Ahora haremos algo parecido.

¿Qué cosas que puedes hacer con tu cuerpo te provocan felicidad?

Aquí no hay respuestas correctas, lo único que importa es tu sinceridad. Te invito a pensar cuáles son las actividades que te motivan día a día a seguir cultivando tu amor propio y potenciando el autocuidado. Puedes marcarlas con una x y agregar las que no están en la lista:

.... Reír

.... Bailar

.... Conversar

.... Dormir

.... Hacer deporte

.... Hacerte una manicure/Ir a la peluquería

.... Practicar yoga

.... Meditar

_____ Acariciarte

_____ Estirarte

_____ Respirar

_____ Descansar

_____ Masturbarte

_____ Comer algo rico

_____ Lo que sea que te saque una sonrisa

Es súper importante que reconozcamos qué cosas nos hacen felices y nos provocan placer; la idea es propiciarlas e integrarlas en nuestras rutinas. ¡Invítate a aprender algo nuevo! Hay muchísimas actividades que nos nutren el alma y la mente. Regálate el tiempo para pensar las cosas y hacerlas a tu ritmo, no al que te dictan los demás. ¡Tu tiempo vale oro!, y tu vida también, así que evita desgastarte en todo aquello que sientas que no te suma.

¡Si tú quieres, tú puedes!

No reprimamos las emociones. Pongamos atención a lo que sentimos en determinados momentos y situaciones. Algo que me sirve muchísimo es anotar mis sensaciones durante el día, así puedo reconocer cuando algo me produce estrés o angustia y detenerme en ese momento para saber qué fue lo que pasó. Por ejemplo, el desorden ME DESORDENA LA CABEZA. Si veo que mi casa está sucia, sé que eso me va a hacer sentir mal o angustiada, así que decido no agobiarme de más y limpiar. Me volví un tanto estructurada y obsesiva con mis cosas, pero todo en función de mis emociones.

Las relaciones son otro factor que debemos tener en nuestro radar emocional. Insisto, son como las plantas: hay que regarlas, cuidarlas, abonarlas. Así también las personas importantes en nuestra vida merecen que les demos nuestro tiempo. Pero, ojo, porque entregarse en exceso puede ser una espada de doble filo. Yo tenía la idea equivocada de creer que todos eran mis amigos, pero, como te dije antes, ¡tu tiempo vale oro!, por lo tanto, NO tienes por qué dedicárselo a personas que quizá no hacen lo mismo contigo. Cortar relaciones es algo súper válido, como también lo es alejarte un rato si eso te mantendrá tranquila.

Hagamos un ejercicio. Si tuvieras un accidente y alguien debiera ir a rescatarte, ¿quién contestaría el teléfono e iría por ti? Piénsalo. Esas personas son contadas con los dedos de una mano, y a ellas son a quienes sí debes darles tu tiempo, porque son tus verdaderas amistades.

Cuando me puse en ese escenario, me dolió mucho darme cuenta de que quizá tenía menos amigos de los que pensaba, pero sí me hizo reflexionar y aprender a cuidar y entregarles mucho amor a esas personas que están entre las que cuento con los dedos de una mano. Ojo que no es algo malo tener pocos amigos —y tener muchos tampoco—, lo importante es saber quiénes lo son.

Agradecer

Agradecer: un verbo y una acción muy bonitos y necesarios. Agradece quién eres, lo que tienes; agradece por tu familia, por quienes te rodean, por tu vida. Te invito a hacer una lista con todo aquello de lo que estás agradecida. Puede ser semanal o diaria, lo que te resulte más cómodo. Agradecer es algo que debemos sumar a nuestros hábitos sí o sí, ya que quizá estamos acostumbradas a solo quejarnos y pedir, pero ¿por qué no reservarnos el momento para dar gracias por lo que somos? Meditar es una súper buena manera de conectarnos con nuestras emociones y así hacer una reflexión diaria de lo que sentimos. Yo partí hace poco. Me desconcentro, hay días en los que me cuesta mucho, pero una vez que se le agarra el ritmo, una se da cuenta de lo bien que hace parar un momento y concentrarse solo en sí misma. Hay muchas meditaciones que te pueden servir, algunas guiadas y otras para hacer con música de relajación. Lo más importante es que tengan sentido para ti.

Haz una lista de las cosas que agradeces:

Haz una lista de las cosas que te gustaría mejorar:

TE DEJO SIETE CONSEJOS PARA MEDITAR:

1. Ponte ropa cómoda. Ojalá algo suelto que te puedas sacar si es que te molesta o te impide estar concentrada.

2. Crea un buen ambiente. Busca un lugar agradable, donde puedas estar tranquila y sin distracciones.

3. Siéntate de la manera correcta. En el suelo o en una silla, con la espalda recta, pero sin tensarla, y respirando hondo.

4. Lleva la atención a tu respiración. Obsérvala, no la intentes cambiar. Deja que fluya.

5. Cierra tus ojos o mantenlos semicerrados mientras estés en meditación.

6. Acepta los pensamientos que surgen y déjalos ir.

7. Mantén la calma. Busca la paz en ti.

Te recomiendo que medites en la mañana. Verás cómo cambiará tu día y tu manera de pensar. ¡Espero, de todo corazón, que te sirva!

Por último, ¡organízate! Organiza tus semanas y días. Cómprate una agenda o usa el calendario del celular para anotar tus ideas y las cosas que debes hacer. Recuerda: ideas ordenadas, mente ordenada.

Hábitos positivos,

mente positiva

Imagen y cuerpo

Esto no es *breaking news*, pero todos los cuerpos son diferentes, solo que hay algunas personas e industrias que se niegan a aceptarlo.

En caso de que no lo supieras, existen las asesoras de imagen, aquellas profesionales que te enseñan a vestir: te dicen qué colores quedan mejor con tu tono de piel, te pesan, te miden y aplican un sinfín de técnicas para encontrar lo que te queda «perfecto». En ese proceso también te dicen cuál es la forma de tu cuerpo para poder recomendarte tipos de prendas, algo que se vea «armónico» según tu contextura corporal.

Recuerdo la primera vez que fui a una. Me desnudé frente a ella y, casi de inmediato, me dijo que mi forma de cuerpo era «reloj de arena». Ni puta idea de si eso era algo malo o bueno, pero continué escuchando su explicación de que, al parecer, era voluptuosa de arriba y abajo, pero con cintura. Después lo busqué en internet y me salieron unas figuras que se acercaban a mi forma corporal, pero ninguna me representaba. No me sentía así. ¿Sabes por qué? Simple: porque TODOS los cuerpos son distintos. La industria de la moda inventó estas «formas» para que las mujeres nos sintiéramos encasilladas en un tipo y así guiarnos en qué comprar, pero ¿cómo no voy a usar más faldas porque a mi cuerpo «no le quedan»? No estaba de acuerdo con esa idea entonces ni lo estoy ahora.

En fin, lo sé: fui yo quien decidió ir a una asesora de imagen y terminé enojada conmigo misma por lo que me comentó. Pero lo que te quiero decir, amiga, es que tu cuerpo es singular; distinto al de tus compañeras de trabajo y al de todas las mujeres. Por eso es importante tocar cada parte de él para dar el primer paso: conocerse y después aceptarse.

¿Por qué no te dibujas a ti misma? No importa si tus técnicas de dibujo no son las mejores. Intenta hacer un retrato de cómo crees que eres. Yo lo hice. Acá te mostraré cómo es Belén *by* Belén. Si te animas, muéstrame el tuyo y mándamelo a mi cuenta de Instagram @belen_soto.

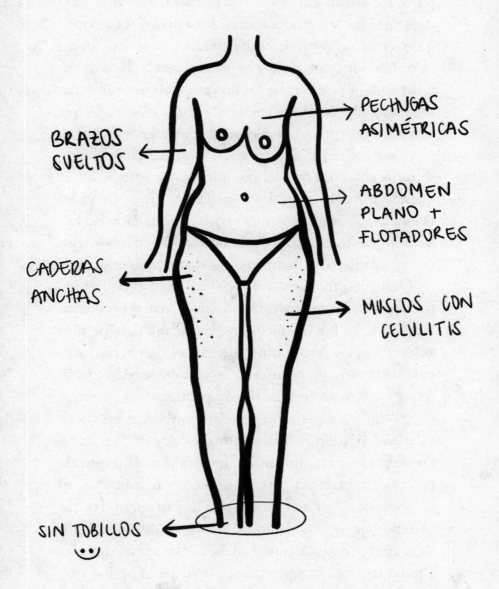

Ese fue el resultado. No sabía cómo hacerlo. Dibujarme fue más difícil de lo que creí. Cuando pienso en mi cuerpo, se me vienen a la cabeza mis piernas sin tobillos. Te lo digo en serio: mi genética viene sin tobillos. Es como si mis piernas siguieran derecho hasta los pies y listo, fin del recorrido. Mucha gente me lo mencionaba en las redes sociales como un «defecto». En un comienzo me molestaba, me angustiaba, luego me comenzó a dar lo mismo, porque aprendí a no criticar mi cuerpo ni compararlo. Es bueno tener particularidades y reírnos de esos «defectos» que nosotras mismas nos inventamos. Otra característica mía es que tengo mucha celulitis en las piernas, pero hoy ya no me molesta, porque es algo NORMAL. Que la sociedad nos haya impuesto estereotipos de belleza haciéndonos creer que es algo feo o no natural no es nuestro problema.

Otra cosa: me gusta mi abdomen plano, pero se me hacen rollitos a los costados. También tengo pechos voluptuosos. Yo los veo bien, ¡me encantan!, aunque sean asimétricos. Les hago cariño y les pongo crema. Sé que algún día se van a caer, pero ¡qué le vamos a hacer! Es parte de ser mujer y ser humana. La «imperfección» de nuestros cuerpos los hace perfectos y únicos. No tengas miedo de sacarle el máximo provecho al tuyo, de quererlo y de conocer hasta su último rincón. Todas tenemos inseguridades, ¡todas!, hasta esa persona radiante y feliz que ves en las portadas de revistas o en tu *feed* de Instagram. Por eso es importante que podamos visibilizar los diferentes tipos de cuerpos y dejar de compararlos. ¡Todas somos distintas, y todas tenemos inseguridades! Da vuelta la página y comienza a ser feliz con lo que tienes, bombona.

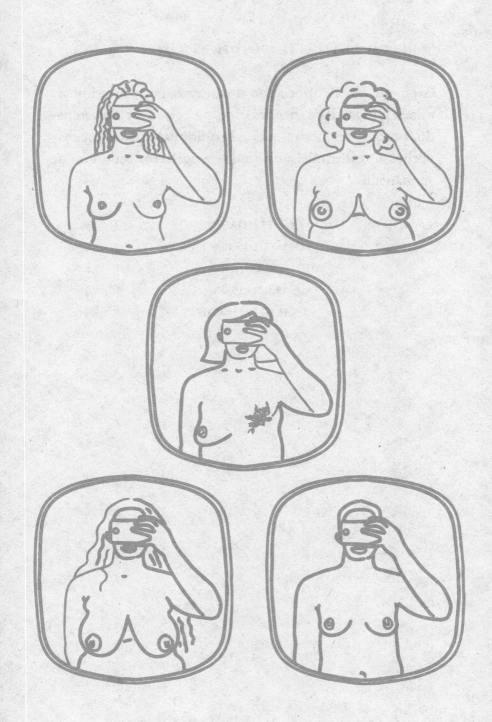

¿CON CUÁL DE ELLAS TE IDENTIFICAS MÁS?

Creo que me identifico con una mezcla entre la primera y la segunda. Este ejercicio me parece súper entretenido, porque demuestra que, tal como nosotras, todos los pechos son distintos, son lindos y perfectos cada uno a su manera.

¡TODAS
SOMOS DISTINTAS,
Y TODAS
TENEMOS
INSEGURIDADES!

¿Una cirugía puede darme más amor propio?

En mi opinión, es un error creer que las cirugías plásticas solo se las realizan personas inseguras que necesitan modificar su apariencia en búsqueda de la perfección. Y si fuera así, ¿cuál sería el problema de eso?

Es interesante la reacción que tenemos cuando nos enteramos de que alguna mujer está operada. Es como si perdiera cierta validez. Si alguien dice «Uy, ¡esa mujer es estupenda!» y nuestra respuesta es «Seguro se ha hecho cirugías», ¿qué ganamos con ese comentario? ¿Puntos para nosotras y el amor propio? Claro que no.

No sería raro que a más de alguna le haya picado el bichito de la cirugía estética. Debemos haber dicho incontables veces «Me encantaría operarme x cosa», ya sea por inseguridad o porque se nos da la gana, pero estamos acostumbradas a que nos dé pudor que el resto sepa que queremos cambiar algo de nuestro cuerpo, así que solemos esconderlo, como me pasó a mí cuando era más joven.

Me hice una liposucción en las piernas sin decirle a nadie. Era tan poco el amor propio que me tenía y tanta la rabia al *cyberbullying* que recibía por mi cuerpo, con mensajes como: «Tienes piernas de pernil», «Qué feas tus piernas, opérate», «Qué gorda te ves en la tele» que ya estaba decidida a operarme, creyendo que eso me iba a hacer sentir más feliz y segura conmigo misma, para no seguir recibiendo ese tipo de comentarios, por lo tanto, era también un tanto darle en el gusto a la gente. Pero esa operación fue un gran error. El problema no estaba en mis piernas, sino en mi cabeza, en cómo me afectaban los comentarios ofensivos de personas que ni siquiera conocía, además de los trastornos alimenticios que padecía en ese tiempo. El trabajo que tenía que hacer era mucho más profundo que un procedimiento estético. ¿A qué voy con todo esto? Creo que es una equivocación considerar las cirugías plásticas como el salvavidas de nuestra autoestima. Si hoy no estás bien contigo o no te gusta algo de tu cuerpo, antes de conocer el bisturí, debes analizar si tu mente y tu corazón están sanos.

Sé que predicamos que debemos amarnos tal como somos. Quizá tú lo haces, y está perfecto, pero eso no quiere decir que no haya algo de ti que no te guste y que lo quieras/puedas cambiar. Si hoy estás bien, te sientes bien contigo, has hecho un trabajo interior de tus emociones y mente y quieres operarte porque te dio la gana, ¡dale con todo! ¿Qué importa lo que diga el resto? Pero hazlo por ti y solo por ti, porque a ti te hace feliz y no porque hay un estereotipo de belleza al que te quieras ajustar.

Siempre he dicho que por más que hoy me sienta increíble con mi cuerpo, lo ame, respete y cuide, no descarto, por ejemplo, levantarme las pechugas después de haber amamantado a mis eventuales hijos. Esa será una decisión mía y de nadie más, así que, por favor, amiga mía, no sigamos desacreditando a las mujeres por sus cirugías plásticas. Es problema de cada una.

16 COSAS QUE

te podrán servir para comenzar a ser feliz

(A MÍ ME HAN SERVIDO)

1. Acepta tener ambición.
2. Acepta sentir amor por ti
(y decirte «te amo»).
3. Acepta no aceptarte todos
los días.
4. Acepta no conocerte del todo.
5. Acepta tener miedo.
6. Acepta arriesgarte.
7. Acepta tu cuerpo sin
compararlo.
8. Acepta tus imperfecciones.
9. Acepta tus errores.
10. Recibe a las personas que
te hacen bien.
11. Aprende a decir «no» y «sí».

12. Celebra tus triunfos.

13. Conoce tus límites.

14. Trabaja en tus sueños.

15. Date tu espacio.

16. Trátate bien.

Empodérate de tu imagen

Sabrina Granucci es brasileña, graduada de Diseño de Moda y Administración en moda. En Chile fue directora creativa por cinco años de su propia marca de ropa. Volvió a su país con los conocimientos que aprendió en la universidad y en el mercado laboral. Desde entonces se ha transformado en una experimentada e intuitiva asesora de imagen con énfasis en la colorimetría.

La invité a ocupar un espacio en mi libro para que con algunos ejercicios te ayude a encontrar tu estilo, para que te conozcas más y no pases por lo que pasé yo cuando decidí trabajar con una asesora de imagen que no me hizo sentir bien.

ASESORÍA EN IMAGEN
POR SABRINA GRANUCCI

Para hablar de este tema primero debemos tener claridad acerca de las conductas que NO son correctas en una asesoría en imagen:

- Cualquier profesional que te haga sentir mal por tu cuerpo, como si algo debiera ser distinto a lo que es.

- Si el profesional te hace sentir incómoda por lo que tienes o no tienes en tu clóset.

- Si la experta te hace sentir avergonzada por no saber cómo usar una prenda o por no estar al tanto de las tendencias de moda.

- Si te hace sentir que estás obligada a cualquier cosa, como comprar más ropa, usar ciertas prendas o cambiar otras.

- Déjalo ser. No te preocupes por cosas que no puedes controlar.

Ahora que entendemos de lo que no se trata este trabajo, hablemos de lo importante que puede ser el proceso, que está mucho más relacionado con el autoconocimiento que con la moda.

El trabajo de asesoría debe ser entendido como algo que te ayude a acercar lo más posible tu imagen a lo que te guste y tenga sentido para ti. Es importante que entiendas que lo único que debes conocer es a ti misma, ya que nadie nos ha enseñado a vestir. ATENCIÓN A ESTA PARTE:

Todo lo relacionado con tu imagen debería ser motivo de alegría y orgullo para ti. La ropa, accesorios y estilo te tienen que hacer sentir feliz y linda, no lo contrario.

Lo que quiero compartir en este libro son algunos de los ejercicios que realizo con mis clientas para que los puedas hacer en casa. Antes que todo es importante que sepas que este viaje no termina en un punto definido, porque el autoconocimiento y la imagen cambian de forma constante a lo largo de la vida.

¿Vamos?

PRIMER PASO DEL CAMINO:

MIRAR HACIA DENTRO PARA VESTIR POR FUERA

Es necesario saber cuáles son tus experiencias con tu imagen, quiénes son tus padres, dónde creciste… todo lo que te explique lo máximo posible tu apariencia de hoy.

Cuando sabes identificar una verdad instaurada en la cabeza —por uno mismo o por otros—, es más fácil cambiar los pensamientos y paradigmas que no te permiten probar un sinfín de cosas relacionadas con tu imagen.

Por eso, en este proceso te propongo un ejercicio al que llamo «Visita el pasado». Toma tus fotos de infancia, adolescencia y vida adulta y presta atención a tu ESENCIA. Observa lo que te gustaba de esos momentos, lo que te hacía o hace sentir orgullosa y feliz.

Puede ser cómo te ponías para la foto, qué llevabas puesto y te encantaba, qué intereses tenías, qué te llamaba la atención, etcétera.

Anota todas las palabras que se te vengan a la cabeza sobre estas sensaciones.

Ahora separa las fotografías que te generan la sensación opuesta, o que te causan un poco de vergüenza porque sientes que no te pareces a lo que eres hoy. Haz el mismo ejercicio y anota todo, sin pensarlo mucho.

Por último, observa una foto tuya actual y busca en ella los puntos que te conectan con las primeras palabras que escribiste. Lo más seguro es que esa sea la BASE DE TU ESENCIA que se mantuvo en el tiempo. Esto es lo que vamos a usar desde acá en adelante para tu imagen.

A veces nos damos cuenta de que estamos muy distantes de esa esencia, pero tranquila: lo que tienes ahí nunca va a dejar de pertenecerte, así que tómate tu tiempo para encontrar las palabras.

SEGUNDO PASO DEL CAMINO:
¿QUÉ VEO CUANDO ME VEO?

Este método sirve para muchos propósitos, nos ayuda a avalar nuestra relación con nosotras mismas y también con otros. En los primeros ejercicios nos enfocaremos en cómo tú te ves y ahora vamos a observar cómo te expresas a través de tu imagen visual.

EJERCICIO:

La idea de este ejercicio es que primero contestes estas preguntas sobre ti y después pidas a cuatro personas que hagan lo mismo sobre cómo ellas te perciben.

PREGUNTAS:

1. ¿Cuál es mi característica más distintiva?
   (Ej.: determinación, integridad, etcétera.)

   ----

2. ¿Qué es lo que más admiras en mí?
   (Ej.: tu esfuerzo por querer lo mejor para todos)

   ----

3. Si yo fuese un color, ¿cuál sería?

   ----

4. Si yo fuese una textura, ¿cuál sería?
   (Ej.: suave, áspera)

_____

_____

5. Si yo fuese un sabor, ¿qué sabor sería?
   (Ej.: salado, amargo, dulce)

_____

_____

6. Si yo fuese un aroma, ¿qué aroma sería?
   (Ej.: cítrico, dulce)

_____

_____

TIPS!

● Pide que las personas respondan las preguntas cuando no estés con ellas para no influenciarlas. Así tendrás un mejor resultado del ejercicio.

● Elige a dos personas bien cercanas a ti y a dos personas a las que veas con frecuencia, pero que no te conozcan tanto.

La idea es que contestes estas preguntas sin pensarlo mucho. Escribe las primeras cosas que vengan a tu cabeza. No hay una respuesta correcta.

Registra aquí toda la información que recolectaste:

?	Persona 1	Persona 2	Persona 3	Persona 4
#1				
#2				
#3				
#4				
#5				
#6				

En la próxima etapa de este ejercicio debes tener todas las respuestas (tuyas y de las cuatro personas a las que les pediste que respondieran) y rellenar la «VENTANA DE JOHARI».

Esta herramienta está dividida en cuatro partes: área abierta, área ciega, área cerrada y área desconocida.

Área abierta

Aquí vamos a poner todas las características de personalidad reconocibles tanto para ti como para las demás personas. Cuantos más ítems tengas en esta parte de la ventana, más posibilidades hay de que tu comunicación visual esté fluyendo de manera correcta.

Área ciega

Son todas las características que las personas perciben en ti, pero que no te las dicen. Son esas partes de tu personalidad que te cuesta ver, pero que a la vez son muy claras para los otros. En esta zona de la ventana podemos ejercitar la escucha. Cuanto más abierta estés para recibir el *feedback*, más fácil va a ser transformar esa área ciega y así dejarla visible para ti. ¡OJO! Es importante discernir entre lo que escuchas y lo que tiene sentido para ti.

Área oculta

Son características que sabes que tienes, pero que no quieres que otras personas vean y, por algún motivo, no las comunicas. Es importante observar si es resultado de alguna creencia adquirida en el pasado o algún evento de tu lado más oculto. Vale la pena preguntarte por qué no expresas esos aspectos (tal vez sea una parte de tu esencia que cubres por culpa de una creencia limitante).

Aquí es necesario abrir el área oculta: exprésate, tira para afuera. ¡Sé valiente para ser más tú!

Área desconocida

Está compuesta por aspectos inconscientes que ni tú ni otras personas reconocen con facilidad. Para llenar esta parte de la ventana recuerda alguna reacción o actitud inesperada que hayas tenido y que te sorprendió. Para que esa área sea abierta es necesario que experimentes algo nuevo. ¿Cuándo fue la última vez que hiciste algo arriesgado o no premeditado? La idea es esa: ¡desafiarse!

¡OJO!

Aquí también puedes descubrir cosas que necesitas limpiar o darles otro significado, como aspectos negativos que quieras mejorar; pero también tomarás conciencia de algunos talentos increíbles que nunca fueron usados por falta de oportunidad. ¡Te invito a que te des el tiempo de experimentar nuevas posibilidades!

Ahora que ya sabes el significado de cada área rellena la ventana con las respuestas:

VENTANA DE JOHARI

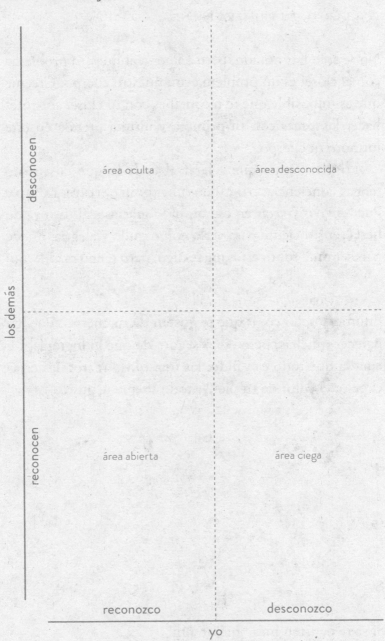

TERCER PASO DEL CAMINO:

TU CUERPO, TU PRIMERA PRENDA

No sé si lo has notado, pero en general nuestro problema con el clóset es un problema con nuestro cuerpo. Créeme que es imposible que te reconcilies con tu clóset sin antes hacer las paces con tu primera y última prenda en este mundo: tu cuerpo.

Primero tengo que aclarar algo de lo que tal vez no tengas conciencia: ¡TU CUERPO ES UN REGALO DE LA VIDA! Puedes vivir y estar en este mundo gracias a él. Eso ya debería ser suficiente para verlo con orgullo y alegría. Puede parecer muy tonto esto que te digo, pero tengo razón, ¿no?

EJERCICIO: *wow*, ¡qué linda soy!

Enumera ocho cosas que te gustan de tu cuerpo. Pueden parecer muchas, pero estoy segura de que lo lograrás. Recuerda que todo es válido: las uñas, los lunares, las cejas, el pelo, el color de tu piel… todo lo que te guste.

1. _____

2. _____

3. _____

4. _____

5. _____

6. _____

7. _____

8. _____

Si se te ocurren más, ¡mejor aún!

Ahora enumera cinco cosas que no te gustan:

1. ....
2. ....
3. ....
4. ....
5. ....

¡Muy bien!

Ahora vamos a mirar estas dos listas con una lupa.

ME GUSTA

Me gustaría que pensaras en cómo valoras esta parte de tu cuerpo o cómo crees que podrías sacarle provecho.

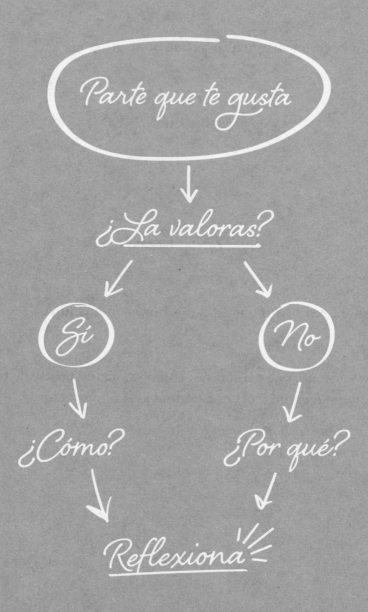

* EL PRINCIPAL PASO PARA VALORAR UNA
PARTE DE TU CUERPO ES SER CONSCIENTE DE ELLA
Y DE SUS POSIBILIDADES.

NO ME GUSTA

Esta lista la vamos a separar en dos partes:

Lo que no te gusta y puedes cambiar

Contesta a estas preguntas:
1. ¿Te molesta al punto de que quieres hacer algo para que esto cambie?
2. Si este es el caso, ¿qué podrías hacer para cambiarlo?

Lo que no te gusta y no puedes cambiar
(por ejemplo, yo no puedo ser más alta de lo que soy, no hay ningún ejercicio o dieta que me haga crecer)

La segunda parte de la lista la vas a olvidar. ¡Sí!, ya que son cosas de ti que no se pueden cambiar. No puede ser algo que pienses TODAS las veces que te mires al espejo... ¡Qué agotador! Estás eligiendo sufrir por algo que no va a cambiar, y eso no es eficaz. ¡Ojo! No digo que sea fácil, pero te garantizo que si tomas en serio este ejercicio (alejarte de este tipo de pensamientos), en algún momento vas a dejar de sentirte insatisfecha contigo.

Okey, tengo otra opción además de olvidar: RESIGNIFICAR. Vamos a resignificar cada una de estas partes que no te gustan de ti y no puedes cambiar. Quiero que cuando pienses en ellas traigas un pensamiento consciente positivo al respecto. Por ejemplo, yo, que soy bajita, cuando me miro al espejo y me veo tan chica pienso que esta es una característica que heredé de mi abuela. Ella era así, pero tenía un carácter fuerte y una energía gigante, y eso me hace asociar mi altura a estas características maravillosas que me llenan de orgullo y felicidad cuando la recuerdo.

Es posible resignificar de diversas maneras. Puedes traer a tu mente algún momento en que esta parte de tu cuerpo fue esencial por algo que viviste, por ejemplo. Es importante que busques un recuerdo que de verdad te haga sentido.

Repito: sé que no es algo fácil, pero ¡yo nunca te dije que lo sería! Conocerte y amar lo que eres no es algo que vayas a aprender de la sociedad, pero es posible si de verdad te dispones a hacerlo. Es como cepillarse los dientes. A veces podemos tener flojera, pero si el hábito está incorporado lo hacemos de todas maneras.

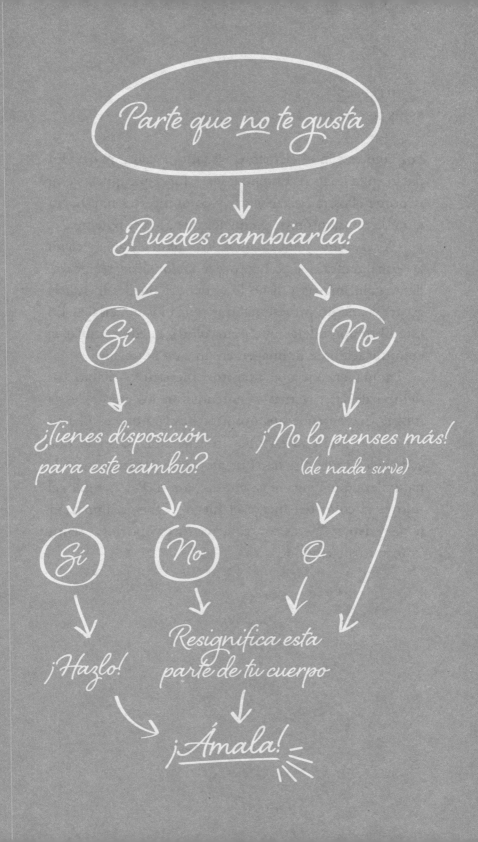

CUARTO PASO DEL CAMINO:

ESTÁS HECHA DE COLORES

Los colores son el elemento visual que causa mayor impacto en la imagen. Entender los colores que quieres usar y lo que ellos te hacen sentir y comunicar es una liberación de un montón de prejuicios que a veces tenemos.

Observando y estudiando los colores puedes elegir las tonalidades que te hacen ver mejor. Esta técnica se llama colorimetría y si no lo entiendes puedes buscar la asistencia de un profesional que tenga los materiales. En este libro aprenderás que usar colores puede cambiar la comunicación de tu imagen en un cien por ciento.

La manera en que nuestros ancestros —hablo del tiempo de las cavernas— entendieron los colores es la misma que entendemos nosotros hoy, porque es una información que está en nuestro ADN. Para saber lo que cada color transmite hay que asociarlo al elemento de la naturaleza que tenga más sentido para ti. Por ejemplo, el rojo es el color del fuego; el fuego es fuerte, impactante, agresivo... Y esas son características que vas a sentir (transmitir) cuando lo uses.

¡ASÍ DE

SIMPLE

FUNCIONA!

Azul Tranquilidad, serenidad y armonía	**Verde** Esperanza, sustentabilidad y libertad	**Amarillo** Energía, optimismo y éxito
Morado Espiritualidad, magia y misterio	**Rosa** Romanticismo, ternura e ingenuidad	**Rojo** Pasión, carácter, valentía y determinación
Naranja Alegría, prosperidad y calidez	**Café** Madurez, seriedad e integridad	**Gris** Neutralidad, moderación y estabilidad
Blanco Paz, pureza, inocencia y limpieza	**Negro** Formalidad, duelo, fortaleza y enigma	¿Cuál te gusta o representa más?

QUINTO PASO DEL CAMINO:

DETOX - LIBRARSE DEL PESO PARA VOLAR MÁS ALTO

Cuando estás eligiendo ropa, ¿te sientes agotada porque crees que no hay nada que puedas usar? Sí, a todas nos ha pasado, y esto tiene una explicación científica.

Piensa en tu cerebro como si fuera un computador: cuando abres las puertas de tu armario y empiezas a mirar, lo que este computador hace es leer cada una de las prendas de manera individual, algo así: esta blusa me queda chica, esta es corta, esta la odio, esta me gusta pero se ve vieja, esta no la puedo usar, y así un largo etcétera.

Cada vez que escaneas las prendas con la mirada, tu cerebro hace todo el proceso que te acabo de contar. De ahí viene esa sensación horrible que todas hemos sentido por lo menos una vez en la vida.

Entonces, para partir, la idea central es: ¡lo que no te haga sentir muy bien en todos los aspectos —bonita, cómoda y segura— no puede estar en tu clóset!

Algunas preguntas muy importantes en este proceso de limpieza de clóset son (se requiere sinceridad):

- ¿Compraría otra vez esta prenda?
- ¿Esto me queda?
- ¿Se ve bien la prenda o ya está demasiado vieja?
- ¿Tengo que guardar regalos que no voy a usar?

- ¿Esta prenda tiene que ver con el estilo de vida que llevo?

- ¿En el último año la usé?

No te preocupes, no te va a faltar ropa si haces una limpieza. Puedes separar las prendas con las que tienes una relación afectiva, pero que ya no vas a ponerte. Algo que usaste en tu fiesta de quince años, por ejemplo. También es conveniente sacar de tu armario las prendas que ya no te quedan bien, pero que juras que te van a servir en algún momento. No es bueno que las veas todos los días. Esto solo te hará sentir mal. Cuando creas que ya te quedan bien, pruébatelas y ponlas de nuevo en tu clóset.

Último *tip* de esta sección: te aconsejo dejar un espacio para las prendas que no estás cien por ciento segura de que quieres. Empieza a usarlas a diario para que entiendas por qué no te gustan.

Es importante analizar lo que quedó y comprender qué es lo que te gusta de la ropa que conservaste. Mira cada prenda con detención para saber qué te hizo conservarla. Puede ser el color, la tela, el modelo… Haz una lista con esas cualidades que seleccionaste, te ayudará cuando vayas a comprar cosas nuevas: así tendrás claro lo que te gusta y por qué.

Si aplicas estas técnicas, creo que vas a salir de este proceso mucho más liviana, feliz y con más opciones de las que tenías cuando lo iniciaste. Eso te lo garantizo.

SEXTO PASO DEL CAMINO:

Looks PARA SER FELIZ

Si llegaste hasta aquí recorriendo todos los pasos del camino, ¡TE FELICITO! Esta etapa final es divertida y aclaradora.

Aquí la idea es que te tomes un tiempo para probarte tu ropa sin ningún prejuicio. La única manera de vestirse como uno mismo y sentirse bien es probando, probando y probando… No hay un camino mágico y, como todo en la vida: si uno pone energía, tiempo y esfuerzo, mejorará en ello. Con el estilo no es distinto, así que es hora de hacer el ejercicio de probarte toooda tu ropa, intentando combinaciones distintas de las que estás acostumbrada. Este experimento te permitirá ver muchas posibilidades de lo que te puede gustar y de lo que no.

Fotografía los *looks* y arma una carpeta en tu celular con ellos para facilitar tu día a día. Vas a dejar tu pieza desordenada, pero valdrá la pena porque con ese registro, elegir ropa se va a transformar en algo agradable, ¡como siempre debió ser!

Espero que estos ejercicios te hayan ayudado a conocerte más y a divertirte con la ropa.

Para más *tips* de estilo e imagen personal, puedes seguir mi cuenta @sabrina.granucci.

No te compares con *nadie*

Dietas abusivas

Pasé años mirando a algunas actrices con las que trabajaba y comparándome con ellas. Muchas no comían nada para no subir un kilo, porque se iban a ver «gordas en pantalla». La televisión te hace ver con cinco kilos más, por lo tanto, la obsesión de ser delgada es más fuerte. ¡Llega a sonar ridículo!, pero así fue como yo empecé a copiar cada cosa que ellas hacían. Cada dieta nueva que seguían, yo la probaba; cada pastilla para quemar grasa, yo la tomaba.

Si leíste *No te lo mereces*, mi primer libro, recordarás que ahí describo cada una de las absurdas dietas que hice para intentar adelgazar, al costo de no ser feliz ni estar sana. Era tanta mi angustia de que productores y personas en las redes sociales me dijeran que estaba «gorda», «que parecía soldadito», «que dejara de comer», que aquí va un resumen de todos los métodos que probé para ser más «flaca»: dieta de sirope de savia (no comer en dieciséis días, solo se puede beber agua), dieta cetogénica, dieta hipocalórica, dieta de contar las calorías (no me podía pasar de las mil diarias), dieta de «el que come menos, gana», dieta de «el que come, pierde», dieta de «mejor no comer», dieta de «el que come es tonto», dieta de «mejor MORIRNOS de hambre». No seguiré aburriéndote, porque al final lo único que hacía era una cosa: dejar de comer. En resumen, pasé por los peores trastornos alimenticios, crisis de ansiedad y depresiones por querer parecerme a otro ser humano.

No te culpo si tú también lo has hecho. Créeme que eres una víctima más de lo que la sociedad intenta establecer como un único patrón de belleza.

Más que un cuerpo flaco, quiero un cuerpo *feliz*

RE
COR
DA
TO
RIO

Cuerpo delgado:

No es sinónimo de
cuerpo sin inseguridades

No es sinónimo de
cuerpo perfecto

Cuerpo gordo:

No es sinónimo de
cuerpo con inseguridades

No es sinónimo de
cuerpo feo

Mis hábitos alimentarios saludables

Siempre hablo del concepto «escuchar mi cuerpo». Algunos lo entenderán y otros se preguntarán «¿Qué es eso?». Cuando decidí salirme del mundo de las dietas, una de las primeras cosas que hice fue dejar de restringirme, de contar las horas y calorías, de angustiarme y de poner alarmas para comerme un *snack*. Una de las cosas que más me provocaba ansiedad era estar todas las semanas con dietas distintas, haciendo las compras de las cosas que me pedía la nutricionista, comer cuando quizá muchas veces mi cuerpo no tenía hambre o, al contrario, restringirme y angustiarme cuando quería disfrutar de una salida social y no podía porque estaba a dieta.

Muchas veces las dietas no dan resultado, porque es súper difícil mantenerlas por períodos prolongados. Nos aburren y las terminamos rompiendo o nos salimos hasta abandonarlas y volvemos a comer mal o peor, y a caer en los atracones.

Cuando hablo sobre escuchar mi cuerpo, algo que por cierto me ha traído muy buenos resultados, me refiero a identificar qué es lo que me está pidiendo. ¿Tengo hambre? ¿Tengo ansiedad? ¿De verdad quiero comer? ¿Por qué estoy comiendo si mi cuerpo no tiene hambre?

Sé que nos han educado con la idea de que debemos comer cada ciertas horas y unas cinco comidas al día, pero a mí eso era lo que me provocaba más ansiedad. Me di cuenta de que, por ejemplo, durante las mañanas nunca tenía hambre. Es más, amanecía con el cuerpo hinchado, por lo tanto, lo más coherente era pensar «¿Por qué voy a comer si mi cuerpo me está diciendo que no quiere?». El mismo ejemplo es válido para cuando estamos satisfechos y seguimos tragando porque vemos que la comida está ahí, frente a nosotras. Por eso quise comenzar a hacer cambios y ver qué ocurría. ¿Qué pasaba si me saltaba ese desayuno? ¿me iba a desmayar?, ¿iba a dejar de funcionar? Lo probé y no pasó nada. Al contrario, mi cuerpo logró deshincharse de a poco. Tomaba un té verde y harta agua, hasta que tipo dos de la tarde comenzaba a tener hambre y me daba señales de que ahora sí quería comer. Entonces ingería lo necesario, no el doble para recuperar el desayuno. Y si despertaba con hambre, me preparaba un rico desayuno y comía feliz. Con el pasar de los días me fui dando cuenta de que ya no tenía ansiedad, comía solo lo que mi cuerpo necesitaba y me pedía, ¡y estaba mejor que nunca! Ya no tenía esa sensación de estómago y cuerpo pesados, me sentía mucho más liviana, llena de ideas, más creativa, y sin la constante sensación opresiva de «tengo que comer», porque ya no era prioridad en mi vida. ¡Por fin dejé de acarrear las colaciones y potes de comida a todos lados! Era yo quien controlaba mi cuerpo y no al revés.

Luego, sin saberlo, me di cuenta de que lo que estaba haciendo se llama *fasting*, palabra en inglés utilizada para los ayunos intermitentes. Existe muchísima información sobre esta práctica y sus beneficios. No te quiero convencer de que lo hagas, solo comparto contigo mi experiencia, pero sí te puedo decir que mi ansiedad se acabó. Ahora escucho mi cuerpo y me siento mucho más a gusto.

¿Cómo influye nuestra alimentación cuando no nos amamos?

Alimentación emocional y relación conmigo misma

Cuando quise comenzar a realizar cambios en mi alimentación y nutrición, le pedí ayuda a Pamela Maercovich (@pom.maercovich), psicóloga y *coach* dedicada a acompañar a mujeres en el proceso de sanar su relación con la comida y consigo mismas, para profundizar en este tema. Es facilitadora de *mindful eating* y fundadora de la Escuela Salud & Consciencia. ¿De qué modo influye nuestra alimentación cuando no nos amamos? ¿Cómo lo proyectamos? Esto fue lo que me enseñó.

Primero que todo es importante identificar cuál es el tipo de relación que sostengo conmigo. Cuando amamos a alguien, uno de los principales anhelos que tenemos es que esa persona tenga salud y sea feliz, ¿cierto? Cuando no nos amamos, establecemos un tipo de relación con nosotras mismas en la que podemos experimentar aversión o indiferencia hacia nuestra salud y felicidad.

Un primer tipo de no amor propio: la aversión. Esta se refiere al deseo —quizá inconsciente— de causarme daño, querer crear o mantener un estado de sufrimiento, quizá debido a la creencia de que «no merezco» vivir en paz y sentirme plena.

Los medios de comunicación y las presiones socioculturales buscan un estándar de belleza para las mujeres basado en un ideal de perfección de la imagen corporal representada por la delgadez. Cuando siento que no soy capaz de lograr el estándar ideal y hay una brecha entre mi silueta real y la silueta ideal, se produce lo que denominamos el nivel de insatisfacción corporal, algo que quizá muchas de nosotras hemos vivido y experimentado. ¿Te ha pasado?

Esto activa en muchas mujeres elevados niveles de autocrítica por no alcanzar ese ideal. La creencia de que hay algo «malo en mí», las sensaciones de inadecuación, de no sentirme merecedora o suficiente me pueden hacer experimentar aversión, rabia o molestia hacia mí misma. Si estoy en un estado de insatisfacción con mi imagen corporal, puedo tomar decisiones alimentarias respecto a cantidades y tipos de alimentos que me generen una sensación de malestar e incomodidad, como un autocastigo o autosabotaje, porque creo que «no merezco» sentirme bien.

Esto me puede llevar a descuidarme a nivel físico y emocional, aumentando mi sufrimiento. Por ejemplo, exigirme hacer dietas restrictivas para bajar mucho peso de forma acelerada siguiendo la idea de que «cuando sea flaca seré feliz», o «tengo que restringirme, pasar hambre y sufrir». De hecho, hay una creencia antigua que hemos escuchado, eso de que «para ser bella hay que ver estrellas». Pensamos que, como lo estamos haciendo mal, tenemos que sobreexigirnos a través de la autocrítica para motivarnos a lograr los objetivos de cuerpo perfecto que la sociedad nos impone.

El problema más grave ocurre cuando nuestra voluntad flaquea, ya sea porque hemos estado a régimen durante todo el día y en la noche nos dan ganas de comer algo rico, o porque estuvimos a dieta durante la semana y el fin de semana nos damos un permiso para salirnos de él. Esto termina con pensamientos como «ya lo hice mal, así que debo arrasar con todo lo que haya». Así se gatillan los episodios de sobreingesta o atracones.

Comienza aquí

↓

"No puedo comer..."

"Tengo antojo de comer..."

Peor imagen corporal

Ciclo de Restricción / Atracón

Me siento fuera de control, sin fuerza de voluntad

Aumento de peso y/o la salud se perjudica

Me dejo llevar por los antojos

Baja autoestima, culpabilidad

Un atracón "cheat day"

Ese salto de la restricción a la compulsión genera sentimientos de autoaversión, activando el ciclo del automaltrato: «¡Cómo eres tan débil!», «Me das asco», pensamientos automáticos negativos e hirientes hacia tu persona, y la consiguiente sensación de culpa después de comer por haber hecho lo que «no debías».

Como una forma de castigarnos por habernos equivocado, tendemos a abortar cualquier plan de autocuidado alimentario que hayamos tenido, y también activamos el ciclo de autocrítica cuando enfrentamos el número en la pesa o al probarnos nuestra ropa y sentirla más ajustada.

Por otro lado, cuando estamos en una relación no amorosa caracterizada por la indiferencia, lo que estamos experimentando es una falta de interés en nuestra felicidad y salud. Vivimos a cierta distancia de nosotras mismas, desconectándonos de nuestras necesidades físicas y emocionales. En realidad, nos deja de importar sentirnos bien.

En ese tipo de relación de indiferencia hacia nuestros cuerpos dejamos de experimentar nuestras sensaciones. Nos relacionamos con nuestro organismo desde un nivel externo, solo a través de pensamientos, juicios, la apreciación o rechazo de mi imagen corporal (cómo me veo, por ejemplo, frente al espejo o en una foto), pero no desde cuerpo-hogar desde adentro, lo que nos lleva a distanciarnos de las sensaciones fisiológicas de hambre y saciedad. Perdemos la dimensión interna de la sensación física y dejamos de sentirnos. Esta indiferencia no nos permite tomar las decisiones conscientes de comer cuando tenemos hambre y dejar de comer cuando estamos saciadas.

También puede implicar una indiferencia hacia nuestras necesidades emocionales, por lo tanto, en vez de aceptar y validar nuestro estrés, tristeza, rabia o ansiedad del día a día, terminamos tapando lo que sentimos, anestesiándonos a través de la comida.

Para saber si tengo un trastorno de la conducta alimentaria, lo ideal es consultar a un profesional, ya sea un psiquiatra, médico nutriólogo o psicólogo especializado en estos trastornos. Algunas guías para iniciar el proceso de autodetección descritas en el DSM (DSM-V versión actual) provienen de un manual diagnóstico y estadístico de enfermedades mentales donde se evalúan la frecuencia, intensidad y pronóstico de enfermedades que dan un nombre al conjunto de síntomas y signos experimentados por las personas. El sobrepeso u obesidad no existen en una definición de criterios en el manual de trastornos de salud mental.

¿CÓMO SANAR LA RELACIÓN CON LA COMIDA?

Algunas prácticas de personas que mantienen buena salud mental alimentaria:

Se dan permisos.

Disfrutan la comida (un postre o helado, por ejemplo), la culpa desaparece y están mejor preparadas para entender el acto de comer. Ven qué cantidad de alimento necesitan y cómo se sienten física y emocionalmente.

Equilibran el comer emocional.

Después de una alimentación emocional (esto es, por ejemplo, comer un chocolate si una está alterada), compensan comiendo menos de lo acostumbrado en la siguiente comida, porque tienen menos hambre física.

Reconocen el hambre real.

Prestan atención a las diferencias entre hambre física y no física, haciéndose esta pregunta antes, durante y después de comer. Así comen cuando tienen hambre real y lo hacen sin culpa. Tienden a comer hasta alcanzar un ochenta por ciento de su plenitud estomacal.

Alimentación sin juicios.

No catalogan los alimentos como buenos o malos/sanos o insanos. Hacen las paces con ellos, sin clasificarlos como prohibidos.

Disfrutan comer.

Además del hambre, se enfocan en el placer que obtienen de esos alimentos. No se trata de obligarte a comer algo sano por hambre celular y mental sin disfrutar. Hay que buscar alimentos nutritivos y ricos (esto muchas veces tiene que ver con la creatividad de las preparaciones).

Nutren el cuerpo.

Eligen en su mayoría alimentos por los nutrientes que tienen (hambre celular).

Equilibrio.

La energía mental que destinan a la alimentación es equilibrada y no caen en los extremos del ciclo restrictivo y compulsivo (pensamiento rumiante o despreocupación/ negligencia).

Se desestresan flexiblemente.

Las personas que comen de manera equilibrada también tienen varias maneras de manejar el estrés (que puede incluir alimentación emocional). El problema de los comedores emocionales es que dependen de la alimentación como su única forma de manejo del estrés.

¿Cómo es el enfoque de no dieta?

Es un tipo de relación intuitiva con la comida. Se come prestando atención al cuerpo sin seguir pautas de información externa desconectadas de las sensaciones corporales. Se basa en la aproximación llamada *Mindful eating*, que significa «comer con atención plena o comer consciente». Este enfoque lo dirige tu propia experiencia interna, momento a momento, y es cuando se despierta tu sabiduría interior. Cuentas con una nutricionista interna para tomar decisiones alimentarias y cuidar mejor de ti. Al comer atentas, *no hacemos juicios o críticas a los alimentos o a nosotras mismas*, solo observamos las numerosas sensaciones, pensamientos y emociones que surgen con ello. Es una manera de volver a despertar nuestro placer al comer y beber con sencillez.

Permítete mejorar la relación con la comida, tener un vínculo positivo, sin ansiedad ni culpa, a través de la gratitud y apreciabilidad (saborear la comida).

Comer con atención tiene variados beneficios. Entre ellos, mantener un peso estable sin dietas y sin luchar contra los alimentos genera un 87 por ciento de disminución de episodios de atracones con pérdida de control al comer y reduce los antojos de consumo impulsivo (comer en respuesta a activación emocional). Todo esto ha sido demostrado en estudios que evidencian que, al realizar estas prácticas, se producen cambios a largo plazo en nuestra estructura cortical.

¿Cómo reflejamos lo que sentimos en lo que comemos?

Se ha demostrado que existe una conexión entre cómo nos sentimos y cómo comemos. Personas que experimentan bienestar psicológico o afectos «positivos» tienden a elegir más frutas y verduras frente a alimentos con grasa y azúcar, por ejemplo. Por motivos emocionales, un alto porcentaje de las personas que han sido operadas de cirugías bariátricas para achicar sus estómagos y adelgazar terminan recuperando peso luego de la operación.

A esto lo llamo «hambre emocional» o «hambre del corazón»: es el gatillante que nos impulsa a buscar alimento aun cuando no experimentamos hambre física. Nos sentimos mal, ansiosas, estresadas, solas, cansadas o frustradas y buscamos algo que nos calme. En este tipo de alimentación comemos de forma automática, impulsiva, rápida, sin pausas, sin control, sin disfrutar de los alimentos, y muchas veces de manera solitaria. Con esta sobreingesta luego nos sentimos muy incómodas, como a punto de «reventar», traspasando los límites de saciedad estomacal.

Los alimentos que elegimos en este estado son de fácil acceso, ultraprocesados, envasados y con una alta palatabilidad (gratos al paladar). Son intensos y estimulantes, como lo es la mezcla de grasa con azúcar presente en pasteles, chocolates, galletas y muchos de los alimentos dulces que pueden ser «adictivos», como la comida rápida y los alimentos crocantes.

Lo que buscamos es aplacar, anestesiar o tapar emociones para relajarnos, premiarnos y sentir placer, aunque sea momentáneo. Pero también hay personas que no quieren comer cuando se sienten desbordadas.

Cuando alcanzamos un mayor equilibrio emocional, vamos teniendo una relación más armónica con la comida.

Tips para una buena alimentación emocional

Ser comprensivas más que autocríticas. Es importante humanizar y normalizar la experiencia de sufrimiento en torno a la alimentación y el cuerpo, porque nosotras no elegimos que fuera así. Son varios los factores involucrados. Nuestro sistema nervioso es el que tiene un sesgo negativo que nos lleva a maximizar las experiencias difíciles; son nuestros genes primitivos que nos impulsan de manera inconsciente a buscar y guardar comida, como huellas de un tiempo prehistórico en que el alimento escaseaba y conseguirlo implicaba distintos peligros y dificultades. Es la industria alimentaria la que diseña a través de la ingeniería de alimentos, la publicidad y el marketing alimentos con el potencial de hacerse adictivos para fomentar nuestro consumo. Es nuestro sistema nervioso que se regula emocionalmente a través de alimentos que tienen un componente hedonista, activando el sistema de recompensa y una neuroquímica asociada. Es una sociedad que lucra con la cosificación del cuerpo de la mujer e impone estándares de belleza irreales que merman nuestra autoestima. Son muchas cosas.

Luego debemos identificar por qué estamos comiendo. ¿Es un hambre sensorial, fisiológica o psicológica? Cuando comemos por razones emocionales, hay que hacer el ejercicio del PARA (ver p. 156): tomar una pausa de la reacción automática de la ingesta emocional.

Te recomiendo pesarte máximo una vez por semana y siempre el mismo día (hacerlo más seguido puede no ser representativo por la retención de líquidos) para no evocar más sufrimiento en torno a la imagen corporal, y hacerlo con una actitud amable. Es más fácil motivarnos a cambiar basándonos en el amor propio que en la autocrítica.

Ten períodos sin dietas para tratar de reconectar con tu cuerpo. No seas una dietante crónica, es importante estar un tiempo sin dietas para restablecer la confianza en tu cuerpo y guiar tu autocuidado.

No te compares, deja de seguir cuentas con cuerpos «perfectos» de Instagram y redes sociales que afecten tu autoestima.

Aprende a hacer una «digestión emocional»: potenciar la regulación de las emociones frente al malestar psicológico con flexibilidad, aprende diferentes formas de manejar tus estresores y responder frente a gatillantes emocionales, configurando una caja de herramientas de autoayuda. Busca contención emocional en tu red nutritiva de apoyo, en aquellas personas que sientas amables y comprensivas.

Cultiva un estilo de vida en equilibrio que estimule tu sistema de calma, más que el de amenaza y el de exceso de objetivos y metas, instalando el autocuidado como hábito y rutina (para ello puedes hacer ejercicios de *mindfulness*).

Potencia tu autoconocimiento. Entiende el hambre emocional como un aliado en vez de un enemigo. Piensa qué te ayuda a detectar lo que es importante para ti, cuáles son tus anhelos del corazón para una vida más plena. Valida tus emociones y aprende a alimentar el corazón sin comida. Mereces ser feliz y poner tu felicidad como una prioridad. Atrévete a jugártela por lo que sientes y piensas. Se requiere coraje para salir de la zona de comodidad, crecer y vivir una vida con sentido.

Saborea tus alimentos. Agradece lo que comes: hay un mundo de personas y seres que han estado involucrados para que esa comida llegue a tu plato. Practica la gratitud a cada momento, eso nutrirá tu corazón.

ALGUNOS EJERCICIOS:

1. Cuando estés comiendo con descontrol, **ejercita el «PARA»**.

P: Pausa. Deja de hacer lo que estás haciendo.

A: Atención. Presta atención a tus pensamientos, emociones, sensaciones. Chequea si tienes hambre real. Sé consciente del alimento que te estás llevando a la boca.

R: Respiración. Conéctate contigo misma. Inhala la dificultad que experimentas, exhala amabilidad hacia lo que sientes. Ejemplo: inhalo miedo, exhalo calma.

A: Autocuidado. Además de comer, haz una acción de autocuidado para nutrir tu corazón.

2. Mantén una **meditación cotidiana**, de al menos diez minutos, no solo para comer conscientemente, sino para vivir mejor. Te permitirá estar más tranquila (disminuyendo sintomatología ansiosa y depresiva). Puedes encontrar mis recursos gratuitos de audio de práctica en la aplicación de meditación *Insight Timer* buscando por Pom.

3. **Edúcate**. Si tienes un cuerpo de talla grande, infórmate de la justicia social por la diversidad corporal en recursos como el *body positive* o HAES (*Health at Every Size*). Establece límites saludables respecto a los comentarios que otras personas hagan sobre tu cuerpo.

Los cambios dependen de ti, de nadie *más*

14 COSAS QUE

aprendí sobre mi cuerpo

1. Mi cuerpo es lo más importante y lo que más debo cuidar en mi vida.

2. Si yo no me preocupo por mi cuerpo, nadie más lo va a hacer por mí.

3. Debo escuchar mi cuerpo. Es muy sabio y se manifiesta.

4. No comparo mi cuerpo. Todos son hermosos.

5. Las estrías y celulitis en mi cuerpo no matan, son cicatrices de procesos de mi vida.

6. Normalizo no aceptar ni querer mi cuerpo todos los días.

7. Buscar mi mejor versión solo depende de mí.

8. Reconocer mi cuerpo.

9. Tener paciencia en cada proceso. Todos los cuerpos son distintos.

10. No intentar que mi cuerpo sea perfecto, porque soy increíble.

11. Abandonar los miedos y estereotipos que nos vende la sociedad de lo que es un cuerpo «bonito».

12. ¡A la mierda lo que el resto piense u opine sobre mi cuerpo!

13. Darme el tiempo para descansar.

14. Mirarme al espejo y decirle cosas bonitas a mi cuerpo (recuerda que ser positiva es opción de cada una).

CAPÍTULO TRES

Inseguridad

VOLVER A CONO-CERME Y A CREER EN MÍ

Inseguridad

Convertirme en una persona segura fue un proceso difícil, pero a la vez muy entretenido y emocionante, porque volver a conocerme y creer en mí fue algo demasiado bonito. No nos damos cuenta, pero con frecuencia no sabemos nada sobre nosotras mismas.

¿POR QUÉ TE QUIERES Y POR QUÉ NO TE QUIERES?
¿CUÁLES SON TUS TALENTOS?
¿TUS VIRTUDES Y DEBILIDADES?

Sí, son preguntas difíciles de responder, pero si nos concentramos y lo pensamos bien podremos llegar a una respuesta sincera. Te contaré las mías para empezar, a ver si te ayudo a que te inspires.

MIS VIRTUDES

- Muy trabajadora
  (*lo considero algo bueno, porque disfruto de mi trabajo*)
- Ordenada
- Perseverante
- Buena para escuchar a los demás y dar consejos
- Amante de mi carrera
- Ahorradora
- Bailarina (*a veces*)
- Escritora part time
- Aprendo fácil
- Me gusta leer
- Tengo mucha fortaleza
- Soy creativa
- Me río fuerte
- Saco buenas fotos
- Comunicadora
- Tengo MUY buena memoria
- Chistosa
- Proactiva
- Siento la energía de las personas
  (*a veces también es algo malo*)

Antes me habría costado mucho hacer esta lista, pero ahora incluso la podría alargar.

MIS DEBILIDADES

- No tengo paciencia
- Soy pésima para las matemáticas
- A veces no tengo voluntad para hacer cosas
- Me cuesta confiar en la gente
- Si veo sangre, me desmayo
- Me frustro con facilidad cuando algo no me resulta
- Puedo estar mucho tiempo pegada al celular
- Me angustio cuando la casa está desordenada
- Me insegurizo fácilmente
- No me gusta armar muebles
- Soy un tanto antisocial
- No me gustan las fiestas
- Me cuesta poner atención

¡Ahora tú!

Tus virtudes:

Tus debilidades:

Reconoce tus talentos y debilidades para potenciarlos y trabajarlos

¿Por qué compararse?

Vuelvo a un tema que ya toqué. ¿Realmente sirve de algo compararse con otra persona? Al final del día las únicas conclusiones que podía sacar de todas las locuras y errores que cometía eran que no servían para nada, quedaban solo como aprendizaje. ¿Y sabes por qué? Porque ni siquiera si naciéramos de nuevo seríamos como queremos. La perfección no existe, amiga, solo existen la autenticidad y el valor de ser únicas. Lo más importante es reconocer nuestros talentos y debilidades para potenciarlos o trabajarlos. Ser sincera y honesta contigo misma es uno de los pasos más grandes que puedes dar para lograr ser honesta con los demás.

¿CÓMO TRABAJAR MIS INSEGURIDADES?
Convertirnos en personas seguras es parte de nuestro viaje hacia el amor propio. Es un proceso lento que no ocurre de un día para otro y que requiere de trabajo, al igual que todo en la vida. Estoy convencida de que no existe nadie que sea seguro del todo. Somos seres humanos, siempre habrá cosas que nos provoquen esa maldita inseguridad

que tanto odiamos. Pero lo importante es detectar eso: ¿qué nos está provocando esa sensación? ¿Ante qué situaciones me siento insegura? ¿Cómo lo puedo evitar?

Llevo años trabajando para convertirme en una persona segura de sí misma. Debo decir que he avanzado muchísimo, aunque aún me falta camino por recorrer. He puesto en funcionamiento algunas prácticas para lograrlo y quiero que tú lo intentes también.

ESCRIBE EN UN PAPEL TODAS
LAS SITUACIONES Y MOMENTOS
QUE TE PRODUCEN ESA
SENSACIÓN DE ESTAR FUERA DE TU ZONA
DE CONFORT.
ASÍ PODRÁS TRABAJAR CADA
UNA DE ELLAS Y
CONVERTIRLAS EN FORTALEZAS.

Algo que siempre he dicho es que es muy importante cambiar tu manera de pensar y enfrentar los problemas de forma positiva y constructiva, como lo hablamos en el capítulo #SanayFeliz. No busques ser superior ni tampoco inferior a nadie. Todos estamos en la búsqueda de nuestra mejor versión, así que nadie compite con nadie.

¡Ojalá que triunfemos!

Aquí te comparto algunos consejos para trabajar tu inseguridad:

- Acepta y abraza tus debilidades, asúmelas para transformarlas en algo favorable para ti.

- No dudes de todas tus acciones, expresa tus pensamientos de manera honesta y no te quedes con las ganas de decir algo por más incoherente que creas que puede sonar. Es importante desahogarse, reflexionar, compartir y, sobre todo, FLUIR.

- Piensa en las personas que te rodean. De esto hablaremos más adelante, pero es bueno saber si tu círculo laboral, social o familiar influye de manera positiva o negativa. Si estás con personas que te tratan de ignorante, tonta, buena para nada, o te hacen sentir inferior, tu inseguridad puede ser provocada por el ambiente en el que estás.

- Y lo más importante: **NO TE COMPARES**.

Envidia vs. Sororidad

Definición de envidia según la RAE:
1. f. Tristeza o pesar del bien ajeno.
2. f. Emulación, deseo de algo que no se posee.

Definición de sororidad según la RAE:
1. f. Amistad o afecto entre mujeres.
2. f. Relación de solidaridad entre las mujeres, especialmente en la lucha por su empoderamiento.

Durante mucho tiempo me pasó que cada vez que llegaba a un encuentro social sentía cómo me llenaba de energías negativas por ciertas actitudes de algunas mujeres presentes. Notaba sus miradas poco amigables, que conversaban entre ellas y hacían comentarios a mis espaldas. Cuando me di cuenta de que yo también tenía este tipo de comportamientos, quise hacer algo al respecto.

Seamos sinceras: todas alguna vez hemos sentido envidia. Está bien, es normal, porque es parte de ese afán instaurado que tenemos de compararnos con el resto, pero ¿dónde parte la envidia?, ¿por qué solemos sentirla entre mujeres? Históricamente la sociedad ha impulsado la competencia entre nosotras. Ya es tiempo de que eso cambie.

En las marchas o protestas para el 8M vivimos momentos maravillosos: nos abrazamos y gritamos por nuestros derechos. Esa unidad que sentimos al estar juntas debería ser una constante en toda nuestra vida. Suficientes obstáculos tenemos que sobrellevar como para que entre compañeras nos hagamos el camino más difícil. ¡NO, NO, NO! Por esta razón no me cabe en la cabeza que seamos las primeras en criticarnos, destruirnos y juzgarnos en redes sociales (un tema que profundizaremos más adelante), donde más de alguna vez nos hemos topado con comentarios dañinos entre mujeres que ni se conocen. ¿Dónde queda la sororidad? ¿Por qué el respeto no comienza por nosotras mismas? ¿Por qué somos nuestras peores enemigas? Este término no incita a que todas pensemos de la misma manera, pero sí a que apoyarnos sea la primera opción. Todos y todas pensamos muy distinto, es parte de la naturaleza humana, y nos hace únicas. Entonces ¿qué nos llama a querer criticar de manera libre por redes sociales? ¿Qué nos hace querer competir?

Antes me preguntaba si el sexo opuesto, en cierta forma, impulsa esa rivalidad entre mujeres, y quizá tú también lo pensaste alguna vez. Los hombres heterosexuales han tendido a ver a la mujer como un objeto sexual por lo que los medios de comunicación, las industrias de la moda y la publicidad les han mostrado desde siempre. Esa hipersexualización del cuerpo femenino los ha llevado a encontrar atractivos atributos basados en estereotipos de belleza y, a la vez, a nosotras a sentirnos inseguras por no encajar en ellos.

Cuando pido a mis seguidoras de Instagram que hablemos de amor propio, siempre me llegan mensajes de chicas que se sienten mal porque sus novios siguen a mujeres guapas en redes sociales y les dan *like* a sus fotos; mujeres con las que ellas creen que no podrían competir; y las comprendo, porque a mí también me insegurizaba eso. Pero ¿por qué? Está bien, entiendo que estando en pareja a veces nos podamos sentir amenazadas por alguien que creemos que puede ser más atractiva que nosotras en varios aspectos, pero eso es lo que nos han enseñado y lo que debemos cambiar de una vez por todas. No está bien normalizar acciones que te producen inseguridad, y por lo mismo es importante hablarlas y solucionarlas para que no sean una constante.

Si buscas la segunda definición de sororidad del comienzo, te darás cuenta de que es correcta porque tiene un significado muy potente: significa aliarnos entre mujeres y apoyarnos para cambiar nuestra realidad, que se ha visto afectada por la opresión.

La competencia no es algo malo en sí, pero no puede ser con la del lado. No está bien desvivirse deseando la vida, las cosas ni mucho menos el cuerpo de nadie. Grábate esto en la mente como un mantra: no te compares, ten la cabeza bien alta y recuerda que no eres mejor ni peor, eres tú y eso nadie lo puede superar.

Por todo lo que te comenté, empecé a trabajar en mis inseguridades respecto a las demás mujeres. Comencé a regalarles sonrisas, palabras bonitas. *Give love to get love*, da amor para recibir amor, así de simple. De a poco lo fui practicando más seguido. Al principio te miran con cara de WTF, pero luego caen rendidas a los encantos de la buena onda. ¡Inténtalo!, pero siempre y cuando te nazca hacerlo. Te darás cuenta de que uno también se siente a gusto y en paz. No, la verdad es que ¡te sientes increíble!, porque así incluso vas superando tus propias trabas. Si ves a una mujer que te parece linda, díselo. Si te gusta el labial que está usando, pregúntale cuál es y coméntale lo bonito que le queda ese color. Si tu compañera recibió una buena noticia, ¡felicítala! Después de estas palabras de afecto, ella te responderá con algo parecido y te darás cuenta de que, en realidad, nunca fueron enemigas.

Tú y yo somos compañeras y más que nunca debemos estar juntas

PRÁC-
TICAS

de sororidad

1. Las decisiones con relación a nuestros cuerpos son nuestras.

2. No juzguemos nuestra apariencia física ni la de nuestras compañeras.

3. Respetemos el modo en que cada una decide vivir su sexualidad.

4. Omitamos juicios sobre quienes deciden ser madres y quienes no.

5. Seamos amables y dadivosas con nuestro propio género. Apoyémonos.

6. Creemos redes de cuidado entre compañeras y amigas. Cuidémonos y estemos pendientes las unas de las otras.

7. Si conversamos con otra mujer y ella habla mal de una compañera, hagámosle entender que comete un error.

8. Generemos conversaciones de autocuidado con nuestras amigas.

9. No dudemos del acoso y abuso sexual ni lo justifiquemos con frases como «Ella se lo buscó».

10. Admiremos a otras mujeres.

11. Practiquemos todo lo anterior.

La sororidad es nuestra arma más *potente*

Hoy les pido perdón a todas las mujeres:

A todas mis compañeras, amigas, conocidas y no tan amigas también.

Por haber juzgado a más de alguna sin conocerla.

Por haber cuestionado su forma de vestir, caminar, reír o hablar.

Por haberla llamado puta, fácil, suelta o de cualquier otra forma despectiva u ofensiva.

Por haber sido maleducada o por mirarla con desprecio.

Por intentar competir y dejarla en el camino.

Por no haberme dado el tiempo de escucharla.

Por no haber creído en lo que dijo.

Por no respetar su opinión o su elección sobre la maternidad.

Por haber hecho oídos sordos cuando alguien habló mal de ella.

Le pido perdón a cada una, por dejarme llevar y ser víctima del machismo o sentirme superior.

Y me pido perdón a mí, por normalizar este tipo de situaciones.

La sororidad, el compromiso y el respeto también comienzan por nosotras. Por esto y mucho más, te pido perdón.

JUNTAS SOMOS MÁS POWER.
TÚ TAMBIÉN PUEDES HACERLO.

#MujerPower

Mi lucha contra el «éxito»

La palabra «éxito» viene del latín *exitus*, y significa «salida», «término», «fin».

El éxito es algo que muchas de nosotras buscamos. Queremos alcanzarlo para ser felices. Para algunas quizá sea tener una familia, comprarse una casa u obtener el trabajo soñado. Es imposible darle un único sentido, porque depende de cada quien.

En mi caso, siempre ha sido una palabra que me persigue, no sé si para bien o para mal, pero es un concepto que tiene mucho poder dentro de mi mente.

Me crie pensando que el respeto me lo tenía que ganar a través del éxito, y muchas veces lo confundí con lo que creía que debía demostrarle al resto. ¿Cuál era el error que estaba cometiendo? No estaba buscando sentirme orgullosa de mí misma, sino que deseaba que el resto viera mis logros para, en el fondo, poder decir «Miren lo poderosa que soy...».

En el mundo de la televisión me entrenaron para estar en constante competencia, pero no conmigo, sino con los demás, en especial con mis pares. Me entrenaron para tener la mentalidad de que mi trabajo dependía de mi vigencia en el medio, donde el más mediático tenía asegurado su lugar y también beneficios económicos no menores. Otra forma equivocada de entender el éxito: se cree que está relacionado con tener más dinero, y que el dinero nos va a entregar de forma automática «felicidad» y «poder».

Hubo muchos períodos de mi vida en los que me defraudé a mí misma. Experimenté el efecto «montaña rusa»: en un momento estuve arriba, con fama, periodistas y personas que yo no conocía esperándome afuera del edificio del canal, y luego vino una bajada sin ninguna explicación lógica. De un día para otro dejé de existir para el ojo público. Ya no hacía noticia, no era novedad. Fue como cuando el telón del teatro se cierra y el público poco a poco se comienza a ir. Todo ese éxito que creía tener de a poco se desvaneció.

Fue un error pensar que mi felicidad debía depender de qué tan pendiente estaba la gente de mí o sobre qué tanto les importaba lo que yo hacía. Sigue siendo un error creer que mi éxito depende de los demás.

Por al menos dos años no me convocaron para hacer ninguna teleserie. Esto pasó entre mis trece y mis quince. Imagínate que a esa edad yo ya me preocupaba de estar «perdiendo» vigencia en el medio del entretenimiento. Llegué a creer que mi talento se había acabado, que había fracasado antes siquiera de empezar.

¿Mi éxito dependía de las teleseries?, ¿de los aplausos?, ¿eso era el éxito? No, pero solemos caer en la trampa de que nuestras metas y sueños están en manos de otros.

Siempre he sido muy autoexigente… no sé si será una fortaleza o una debilidad. Quizá la lucha ya no era cumplir una nueva meta o plantearme nuevos desafíos; mi lucha era, otra vez, la maldita competencia que me metían en la cabeza, y que las presiones de la sociedad siguen impulsando. El anhelo de ser exitoso no es solo eso, sino una guerra de egos contigo y con el mundo.

Definición de ego según la RAE:
Coloq. Exceso de autoestima.

Me encantaría que desde niños nos enseñaran a tener ese exceso de autoestima, porque es ahí cuando debemos aprender cuánto valemos y a pelear por nuestros objetivos. A los diez años tenía ganas de conquistar el mundo, pero a los quince, una relación abusiva y una mala racha laboral me hicieron perder toda la confianza en mí y en mis esperanzas de triunfar. Por suerte, al final elegí a esa Belén que se creía el cuento con todo en vez de a la Belén sin ego, sin valoración personal, sin autoestima, sin nada.

Es impactante cómo las personas pueden influir en nuestra vida: algunas encienden nuestra luz y otras la apagan. Por eso es importantísimo que aprendamos a vivir con, al menos, un poco de ego. Así siempre sabremos cuánto valemos, y no dejaremos que nada ni nadie arrase con nuestros sueños y metas.

Debemos buscar un ego positivo. Repito: es importante VALORARSE, VALORAR tu tiempo, VALORAR tu trabajo y VALORAR tus sentimientos. Posiblemente será una valoración excesiva de ti, ¿y qué? Es algo que les falta a muchísimas personas que son pasadas a llevar a diario por no contar con suficiente amor propio para defenderse. Es mejor saber quién eres y hasta dónde puedes llegar.

¡Empodérate!

No le tengas miedo al ego, no es algo malo. Quizá le hemos otorgado a esta palabra una connotación errada. Tener ego no significa perder la humildad frente a los demás. El ego también puede manifestarse de forma negativa, pero hay que saber cómo identificarlo para no confundirnos.

Un ejemplo de ego negativo sería una persona soberbia, cuyo ego le hace pensar que siempre posee la razón, que no ve más allá y cree que tendrá la última palabra en cualquier tema de conversación.

Por otro lado, alguien con ego positivo es una persona segura de sí misma y que confía en sus capacidades.

«La falta de ego impide avanzar y significa perder oportunidades de crecer, aprender o divertirse por temor a la crítica. Querer pasar desapercibido es una decisión infantil. No nos llevamos ninguna decepción, pero tampoco la satisfacción de haber llegado lejos.»

Fuente: revista *Psychology Today*.

No sabes cuánto sentido tiene para mí esta explicación. ¿Te has preguntado cuántas veces te has escondido o has dejado de hacer algo por falta de seguridad? ¿Cuántas veces has dejado de hacer algo por miedo a la crítica? Yo, muchísimas. La Belén de hoy tiene un ego positivo, aventurero, siempre con ganas de más, pero créeme que hay una parte de mí que aún me impide avanzar, por ejemplo, a la hora de desenvolverme en los espacios con gente que no conozco. Es un poco loco, pero cuando llego a un lugar con personas desconocidas, prefiero pasar inadvertida debido a ese miedo a mostrarme tal como soy. Esa inseguridad me persigue. Siempre he sido criticada por mi personalidad: que soy muy hiperventilada, que hablo muy rápido y fuerte, que me río mucho, que digo muchos garabatos. Pero ¿qué tiene? Queramos o no, el resto siempre va a hablar de nosotros.

Cito de nuevo el artículo: «Querer pasar desapercibido es una decisión infantil», así que, si tienes todo para lucirte, ¡qué estás esperando! No pienses en lo que dirá el resto, brilla sin parar y que nadie te apague jamás.

Créete el cuento y atrévete a salir de tu zona de confort.

Tu camino al éxito

Tú puedes con tus objetivos

Cuando tengas un objetivo claro, recorrerás un camino para lograrlo. Si antes lo recorriste con otra finalidad, es importante que sepas que será distinto, lleno de nuevas experiencias, aprendizajes y sentimientos, incluso aquellos más tristes.

La vida tiene un poco de todo. Hay días y momentos buenos, de felicidad y de placer, así como otros de dolor, angustia y pena. Suena cliché, lo sé. A veces incluso podemos sentir el éxito como algo negativo y nos vamos a espantar. ¿Sabes por qué? Por miedos creados por nosotras mismas, que entorpecen nuestro camino nublando aquello que queríamos alcanzar, creyendo que somos incapaces de lograrlo y generando creencias que afectan tanto nuestra mente como nuestro cuerpo.

En conclusión, podríamos decir que no alcanzamos el éxito porque nos frustramos antes de llegar a la meta. «¿Viste? No pudiste hacerlo», pensamos, cuando somos nuestras propias enemigas y nos boicoteamos en vez de potenciar nuestros talentos. Estamos tan convencidas de que la única posibilidad es perder que nos cegamos ante esa negatividad. ¡Te invito a cambiar esa perspectiva!

HERRAMIENTAS QUE TE PUEDEN SERVIR PARA TU CAMINO AL ÉXITO

Para pavimentar el camino hacia tus metas establece objetivos a corto plazo. Por objetivo cumplido, por más pequeño que sea, felicítate y disfruta del éxito. En caso de no lograr alguno, analízalo y piensa cómo podrías hacerlo mejor.

SMART

Establece tus objetivos con el acrónimo SMART (sigla en inglés), que se vuelve muy útil para poder organizarte.

Specific - Específico: «Qué».
¿Qué quiero lograr? Detalla aquello que quieres en concreto.

Measurable - Medible: «¿Cuánto?».
Tus objetivos necesitan ser medibles en cifras para saber si vas bien en el proceso. Por ejemplo, beber dos litros de agua al día.

Attainable - Alcanzable: «¿Cómo?».
Hay que ser realista y saber con qué cuentas para poder alcanzar tus objetivos.

Relevant - Relevante: «¿Para qué?».
¿Vale la pena? Preguntarse si ese objetivo que estás planteando va de la mano con lo que quieres conseguir.

Timely - Tiempo: «¿Cuándo?».

Determina plazos: pon una fecha de término del proceso y haz evaluaciones periódicas de su ejecución.

Ejemplo de SMART con objetivos para emprender:

S: Ahorrar para crear mi emprendimiento.

M: Necesito ahorrar 2.000 dólares.

A: Ahorraré todos los meses el 10 por ciento de mi sueldo.

R: Para tener mi propio emprendimiento y ser la jefa de mi vida.

T: En un año.

¡Re-encuéntrate con la grandiosa persona que llevas ahí dentro!

Y para ti, ¿qué es el éxito?

Ya te conté qué es para mí el éxito y cómo me he relacionado con él a lo largo de mi vida. Ahora es momento de que tú pienses en todo lo que has logrado, que pienses en quién te has convertido, en quién eres cuando te miras al espejo y valores todos tus éxitos. ¡Reencuéntrate con la grandiosa persona que llevas ahí dentro!

Pregunté a mis seguidoras de Instagram qué creían que era el éxito. Aquí te comparto algunas de las respuestas:

- Hacer lo que me gusta y que esto sea aceptado por las personas.
- Sentirme realizada y lograr lo que me propongo. Vivir a mi propio ritmo.
- Ser libre.
- Vivir la vida al máximo. *Carpe diem.*
- Tener crecimiento profesional y familiar.
- Vencer el miedo al fracaso.
- Ser segura.

- Vivir locamente.
- Tener tiempo para estar con mi familia y amigos.
- Tener equilibrio, conciencia, saber amar y amarse.
- Superarse constantemente y ser perseverante.
- Lograr algo que creí imposible.
- Darme cuenta de que podía más.
- Disfrutar del placer.
- Vivir la vida.

Ahora te pregunto:

¿Qué es el éxito para ti?

Recuerda:

Si te equivocas, que sea por arriesgarte, no por haberte quedado con las ganas

Haz tus sueños realidad, ¿qué te detiene?

Para convertirnos en eso que tanto queremos debemos definir nuestras metas. ¿Qué es lo que me mueve hoy? ¿Qué quiero para mí?

Estos tres lemas son mis favoritos y los aplico siempre para conseguir mis logros:

1. Sueña, porque los sueños se hacen realidad.

2. El que quiere, puede.

3. El que no se mueve, pierde.

Sé que quizá estas frases pueden sonar clichés, pero aun así es bueno interiorizarlas y así proyectar las cosas que una quiere lograr en la vida. En relación a esto, te dejo una de mis citas favoritas. Es de Mahatma Gandhi:

«CUIDA TUS PENSAMIENTOS PORQUE
SE VOLVERÁN PALABRAS.

CUIDA TUS PALABRAS PORQUE
SE TRANSFORMARÁN EN ACTOS.

CUIDA TUS ACTOS PORQUE SE
HARÁN COSTUMBRE.

CUIDA TUS COSTUMBRES PORQUE
FORJARÁN TU CARÁCTER.

CUIDA TU CARÁCTER PORQUE
FORMARÁ TU DESTINO.

Y TU DESTINO SERÁ TU VIDA.»

La forma en la que proyectamos, manifestamos e intencionamos nuestros sueños y cuánta energía les entregaremos es fundamental, ya que si ocupamos nuestra mente de manera positiva para que esto se haga realidad, poco a poco nos daremos cuenta de que así será. Si tus pensamientos son negativos y te haces creer a ti misma que no eres capaz, tu cuerpo y mente absorberán estas vibras y no funcionarán.

Tus sueños y metas no se cumplirán por arte de magia; deben ser trabajados. Nadie los hará realidad por ti. Todo depende del poder de tus intenciones y de cuánto tiempo les dediques a tus anhelos.

¿Cómo podemos comenzar a trabajar en nuestros sueños?

1. Esfuérzate por ellos.
2. Sé realista y ve qué metas puedes alcanzar.
3. No te dejes llevar por lo que los demás puedan decir sobre ellos.
4. Piensa positivo.
5. Haz una lista de tus metas semanales, mensuales y anuales.
6. Enumera tus sueños según la importancia de cada uno.
7. Recuerda que eres capaz.
8. ¡ACTÚA! Menos blablá y más acción.
9. Acepta el fracaso.
10. Ley de vida: no contar las cosas hasta que resulten.

¿Cuál será tu sacrificio?

Parte de trabajar nuestras metas es estar conscientes de que para ganar algo, muchas veces hay que perder otra cosa. Me encantaría decirte que no es así. ¡Ojalá pudiéramos ganar todo de una vez!, pero todo trabajo tiene su sacrificio, lo que hace más emocionante lograr nuestros sueños. Te invito a hacer el siguiente ejercicio.

¿QUÉ GANO Y QUÉ PIERDO PARA
ALCANZAR MI SUEÑO?

¿Qué gano?

¿Qué pierdo?

¿Cuál es tu sueño hoy?

¿Cómo te ves dentro de diez años?

Tú tienes el poder de cambiar tu futuro y convertirte en la mujer que quieras

Cuando les contamos a los demás sobre nuestros sueños y proyectos, muchas veces opinan desde una postura contraria a la nuestra. Por eso es importante saber bien lo que queremos evaluar con altura de miras; lo que familia, amigos y cercanos tengan para decir sobre nuestras decisiones. Sabemos que hay que respetar todas las opiniones, pero en estos casos la única opinión que importa es la tuya. Eso se llama libertad. Al que le guste, bien; y al que no, bien también.

Para reflexionar

¿Cómo influyen tus amistades y tu familia en tus decisiones?

ACTI-TUDES QUE

acaban con nuestra energía

1. Vivir en el pasado.

2. Querer agradar a todo el mundo.

3. Quejarse todo el día.

4. Fingir que todo está bien.

5. Discutir sin sentido.

6. Vivir la vida y relaciones ajenas.

7. Pensar demasiado todas las cosas.

¡Tienes la oportunidad de ser tu propia *jefa!*

Sé la emprendedora de tu vida

¿Has pensado en que tienes la oportunidad de ser tu propia jefa? ¡Sí, así como lo lees!

Para mí todo cambió cuando decidí emprender. Entendí que de esa forma podía lograr el estilo de vida que yo quería. No tengo título universitario. Mi oficio desde los tres años es la actuación y todo lo que tenga que ver con las comunicaciones. Por mi propia cuenta me he convertido en productora, animadora, vendedora, escritora, contadora, inversora inmobiliaria y mujer de negocios. Todo lo aprendí sola, de a poco.

El hecho de no tener un título siempre fue uno de mis principales miedos. No dejaba de preguntarme «¿Alguien me contratará?». La respuesta es sí. Soy yo misma la que se contrata porque creo en mis capacidades. Sé que estamos acostumbradas al hecho de que debemos trabajar para alguien, pero es cada vez más común encontrarse con personas que se convirtieron en sus propias jefas para cumplir sus sueños. Emprender no es nada fácil. Decidir que no seguirás trabajando para alguien y que comenzarás a hacerlo por tu cuenta es una gran decisión. Cuando opté por dejar las teleseries por un tiempo para poder volver a enamorarme de mi trabajo, una de las primeras preguntas que me hice fue «¿Qué voy a hacer? No tengo título, no tengo contrato… ¿Me muero de hambre?». ¡Claro que no! Tenía ganas de hacerlo, así que el siguiente paso fue arriesgarme. Nada caerá del cielo. La disposición es el principal factor para llevar a cabo un proyecto. Si estudiaste algo que te puede brindar las herramientas para lograrlo, ¡mejor aún!

Conozco mucha gente que estudió una carrera y luego se dio cuenta de que su pasión era otra, así que no le tengas miedo al hecho de que quizá no te dedicarás a lo que estudiaste si algún día decides cambiar de rumbo.

Hay que atrevernos a cambiar y salir de nuestra zona de confort. Tú, sin ir más lejos, ¿has pensado que tienes la posibilidad de renunciar a tu trabajo? Lo más habitual es tener un constante miedo a que nos despidan, por lo tanto, la mayoría más bien agradece su situación, prolonga estados de infelicidad y, en vez de actuar, se deja estar para conservar lo que tiene. Pero es posible trabajar en algo que nos haga felices, solo hay que encontrarlo. Recuerda: no vivimos para trabajar, sino que trabajamos para vivir más y mejor. Hoy puedes comenzar a hacer esos cambios a los que siempre les temiste.

A mis veintitrés años he podido crear mi propia empresa, mi propia productora audiovisual; tengo mis propios bienes y quiero incursionar en el mundo de las acciones, un área que desconozco porque los números nunca fueron lo mío. Eso es lo más *cool* de la actualidad: puedes aprender muchas cosas con un solo *click* en internet. Hay millones de tutoriales para todo. Internet es una gran fuente de información. Tenemos la suerte de poder hacer lo que queremos porque contamos con muchas herramientas que están al alcance de nuestras manos (literalmente, en nuestro celular o computador).

No quiero sonar soberbia, pero ¡*hey!* todo lo que tengo no me lo ha regalado nadie. He trabajado muchísimo para conseguirlo. ¿Y cuál ha sido la clave? Siempre confiar en mí, aunque me equivoque, porque sé que, con cada tropiezo, con cada fracaso, aprenderé algo nuevo que pondré en práctica en el futuro.

Tengo la posibilidad de contratar personas, de poder colaborar y no competir, de trabajar con mi equipo. ¿Y sabes qué es lo mejor de todo? Soy muy feliz, disfruto lo que hago, me apasiona, me motiva y, además, puedo generar ingresos.

El emprendimiento tiene sus pros y contras como todas las cosas en la vida, pero si tú no crees en tu idea, menos lo hará el resto. Una de las grandes ventajas de emprender es que tú manejas tus tiempos. Ya no dependes de nadie, solo de ti. En un inicio puede ser mucho más agotador; puedes pasar todo el día trabajando sin parar y los fines de semana dejan de existir, pero ¡estás creando tu negocio! Lo más importante en el mundo del emprendimiento es la perseverancia (según mi mamá, es una de mis virtudes).

Insistir con tus ideas, con lo que quieres lograr o ser, dedicarle tiempo, trabajo, ganas y sudor te puede llevar a grandes cosas. Pero te digo algo: es fundamental que tengas claro qué quieres hacer antes de intentarlo. Mucha gente inicia sus planes sin esa claridad, y por lo mismo fallan a mitad de camino o se desaniman si no ven resultados. Es importante que definas tu proyecto, que estudies y analices tu emprendimiento, veas de qué manera puede impactar y te preguntes qué de distinto tendrá tu negocio, atendiendo el mercado.

Me gusta muchísimo admirar mujeres. Una de ellas es Alejandra Mustakis, quien en 2016 se convirtió en la primera presidenta de la Asociación de Emprendedores de Chile. He tenido la suerte de compartir con ella y conversar sobre distintos temas, por lo que me ha entregado muchos *tips* para emprender. Por eso le pedí que pudiera hablarnos un poco de eso.

Emprendimiento

QUIÉN SOY Y CÓMO ME DEFINO

Mi nombre es Alejandra Mustakis. Estoy muy orgullosa de ser mujer, madre, esposa, hija, amiga, compañera, diseñadora industrial, empresaria y, por supuesto, emprendedora. Creo que es un honor en esta época ser mujer y latina.

Soy además una persona conquistadora, creativa y soñadora (de sueños grandes), creo que nada es imposible, me gusta cambiar los paradigmas, me enamora la gente con pasión, con ideas y con talento. Soy muy positiva, cariñosa, obsesiva y con mucha disponibilidad a aprender.

Una mujer de fe que va por sus sueños.

MIS COMIENZOS EN EL MUNDO DEL EMPRENDIMIENTO

Desde hace varios años el emprendimiento ha sido mi motor y hoja de ruta. Es difícil definir el momento exacto en que comencé este camino, pero si tuviera que mirar hacia atrás, desde niña siempre he desarrollado ideas, proyectos y aventuras.

Cuando salí del colegio, mi primera opción fue estudiar Diseño Industrial. Elegí esta carrera yendo en contra de casi todos mis compañeros y compañeras, porque los que tenían ideas parecidas a mí querían estudiar Ingeniería, una opción muy típica de esos años y que hasta el día de hoy sigue presente. Contrario a lo que la mayoría piensa, a mí no me formaron para ser empresaria. Me crio mi madre palestina con toda su fuerza, pero también llena de temores y con las creencias tradicionales de las mujeres de la época.

Muchas personas, partiendo por mi papá, trataron de convencerme con argumentos como «En qué vas a trabajar con esa carrera», «No tienes ningún futuro estudiando eso» o «Ni siquiera hay industria en Chile».

Yo era muy joven, pero no estaba dispuesta a cambiar mi posición y quería algo distinto, y elegí mi carrera porque me dijeron que así «podría crear cualquier cosa», algo que siempre ha tenido un significado especial para mí.

AMO LA CREATIVIDAD

Desde niña he buscado crear y creer. Hoy me siento una «diseñadora de modelos». La carrera me enseñó a pensar, a crear y desarrollar distintas cosas aplicadas a las necesidades de los usuarios finales. Pero más allá de eso, y quizá en contra de todo lo que me dijeron, fue una elección muy conectada con todo lo que estamos viviendo en el mundo actual. Hoy lo más importante es la creatividad, pensar distinto, no adaptarse a los moldes, ser curiosa, pensar siempre una manera mejor o distinta de hacer las cosas, es una habilidad necesaria para emprender y diría que cada vez más lo es también para vivir.

Egresé de la Universidad Diego Portales, partí proyectos que no funcionaron, trabajé como decoradora y diseñadora, pero seguía presente la claridad de querer crear algo propio y no ser solo una prestadora de servicios. En septiembre de 2006, junto a Pablo Llanquín, también diseñador industrial de la Universidad de Santiago, pusimos en marcha el sueño de Medular, un emprendimiento enfocado en muebles y objetos de diseño hechos en Chile. Nuestro objetivo siempre ha sido democratizar el diseño y ofrecer al público productos urbanos, modernos y que los hagan sentir felices en cada espacio.

La experiencia fue muy positiva. Aprendí más que en cualquier universidad. Emprender es aprender haciendo. Partimos los dos y teníamos que hacer todo nosotros, por lo tanto, tuvimos que aprender sobre muchas áreas nuevas como contabilidad, logística, servicio al cliente, venta, diseño, producción, etcétera. Con esta empresa gané mucho conocimiento en *retail* y fabricación en Chile, además de varias otras habilidades.

Una de las lecciones que obtuve de esta experiencia fue romper paradigmas. Todos nos decían «No hagan ustedes los muebles», «No los diseñen, traigan de China y Brasil», «No se puede fabricar en Chile». Ambos soñábamos con esta empresa de diseño chilena y con eso en mente seguimos adelante. Hoy llevamos más de quince años y estamos muy orgullosos de nuestro trabajo. Después de todo, sí se podía diseñar y fabricar en nuestro país.

Al partir Medular y trabajar en ella, me enamoré de la idea de hacer los sueños realidad, de emprender. Me comenzaron a llamar de iniciativas de emprendimiento y conocí todo un mundo nuevo con muchas personas excepcionales. Nada mejor cuando una está emprendiendo, apasionada por su idea, que conectar con otros que viven la misma pasión y los mismos desafíos.

En uno de estos eventos conocí a Edmundo Casas y Cristian Romero, ingenieros civiles eléctricos de la Universidad Federico Santa María. Ellos contaban con varios desarrollos creados, me llamaron la atención sus hologramas. Ya les comenté, ¡amo crear! Lo que pasó fue que nos hicimos socios y así partió Kauel, que significa potro en mapudungún (idioma del pueblo originario chileno), una empresa de desarrollo chileno, experta en visión artificial.

Pasamos por muchos productos de nuestro desarrollo que no fueron exitosos en ventas, tuvimos muchas equivocaciones, pero nunca dejamos de probar cosas nuevas, salir a vender, desarrollar y buscar oportunidades. Hoy vendemos en Latam y USA, siendo una empresa de tecnología reconocida a nivel mundial.

Hasta acá había emprendido con una empresa de muebles y una de tecnología, ambas con talento y desarrollo chileno. Me daba cuenta de que teníamos demasiado talento y que, en general, eso se valoraba o desarrollaba muy poco. Por lo mismo, mi causa se convirtió en desarrollar talento a través de mis empresas.

Por lo mismo, el 2012 me uní a Tiburcio de La Cárcova y Macarena Pola en el proyecto STGO MakerSpace, un espacio de encuentro para programadores, diseñadores y emprendedores (denominados colectivamente como Makers) para trabajar de manera colaborativa en distintos proyectos. La idea es que, pagando una membresía, cualquier persona pueda acceder a un lugar de trabajo y usar herramientas, como sistemas robóticos para crear circuitos, cortadoras láser, etcétera.

Nos convertimos en el primer *hackspace* de Chile y creo que lo más valioso fue comprobar en la práctica que cuando un grupo de personas talentosas se conocen, comparten conocimiento y trabajan juntas, se cumple esa frase que dice que el todo es muchísimo más que la suma de las partes. Esto para mí era lo más cercano a una fábrica de talento, pero faltaba más. Así nace iF, que significa Fábrica de Ideas y también hace alusión al poema favorito de mi padre, «*What If*» (¿Qué tal si…?).

A partir de ese momento —y hasta el día de hoy— nunca he dejado de trabajar en comunidad. Santiago Makerspace fue el paso previo de iF, un espacio de trabajo colaborativo. Aquí, junto a mis socios iniciales, Lionel Kaufman, Manuel Urzúa y Julián Ugarte, empezamos a crear ideas para un espacio físico que actuara como la casa de distintos proyectos de innovación. Conectamos talentos con la idea de crear un ecosistema inclusivo y colaborativo que apoyara el desarrollo del emprendimiento y la innovación en el país.

Trabajamos con universidades, empresas privadas, emprendedores e inversionistas y logramos reunir en un mismo lugar centros de investigación, laboratorios, incubadoras y aceleradoras de negocios. Nos abrimos a la comunidad, hicimos talleres, charlas y eventos con el foco de entregar a emprendedores e innovadores la oportunidad de llevar a cabo sus ideas y sueños a través de la creación y el desarrollo.

Pero, aunque el proyecto ahora se lee muy bonito y exitoso, al comienzo hubo que enfrentar dificultades. Cuando partió iF teníamos como misión potenciar el talento a través de la diversidad, la colaboración y el amor. De hecho, el logo estaba compuesto por un círculo y un cuadrado porque siempre pensamos que ambos —pese a su obvia diferencia— se necesitan mutuamente y, por eso, nuestra gran innovación era juntar a los «distintos». Cuando estábamos partiendo, o cuando teníamos reuniones para aumentar la visibilidad, para muchas personas éramos «los hippies». Creían que estábamos locos, incluso algunos me llegaron a decir que era «una empresa de niñita», pero el tiempo demostró que teníamos la razón. Hoy los valores como la diversidad, la colaboración y el trabajo multidisciplinario son tendencia en todo el mundo.

Entre medio de todo esto (como buena emprendedora, haciendo muchas cosas a la vez) llegué a la Asociación Chilena de Emprendedores, Asech. Fui directora, vicepresidenta de Juan Pablo Swett y luego presidenta, lugar en el que trabajé junto a grandes personas.

Fue un regalo y un tremendo aprendizaje liderar una organización que agrupara gran parte de los emprendimientos que existen en el país. Como gremio, buscábamos instancias donde las necesidades y requerimientos de los emprendedores pudieran ser escuchados y canalizados. Creamos alianzas estratégicas con representantes del gobierno y las grandes empresas, para que todos pudieran comprender la importancia que tienen las micro, pequeñas y medianas empresas en el desarrollo económico del país y la sociedad en su totalidad.

En Asech conocí la tremenda diversidad que hay en el mundo del emprendimiento, con emprendedores de cada rincón, comuna y región de mi país. En todo Chile hay empresas de distintos tipos. Si uno va al norte está la señora que vende papayas, lo mismo en el sur con la artesanía, por mencionar algunos ejemplos. Este es un mundo súper distinto e inclusivo, donde cabemos todos los que estamos empujando algo.

Estoy muy feliz con todas las oportunidades que he tenido para desarrollarme laboralmente, oportunidades que he buscado y empujado, y todo el aprendizaje que me ha dado cada iniciativa. Con todo ello, y entendiendo que emprender es el gran motor de mi vida, al terminar mi período en Asech quedé con la idea de que la única manera de desarrollar talentos y apoyar a microempresarios de comunas más alejadas era a través de cooperativas, por lo que decidí que mi próxima empresa sería con este modelo.

Dicho y hecho, en 2020 nació 1Ko, una empresa social colaborativa que potencia el talento creativo, con un modelo muy moderno de cooperativismo. Nos lanzamos junto a mis socios Macarena Cortés, gran diseñadora de vestuario y artista, Melyna Montes y Julio Anton, ambos tremendos líderes sociales.

Junto al gran equipo que nos acompaña, nuestro propósito es dar a conocer el trabajo de los artistas, los líderes y los artesanos que generan productos y servicios que luego vendemos a distintas empresas del país.

Nuestra misión es «unir sociedades divididas» y «potenciar la vida de personas», impulsando sus talentos. Una empresa que trabaja en uno de los desafíos más grandes que tenemos como sociedad: crear confianza y generar oportunidades.

Empezamos en Bajos de Mena, un barrio vulnerable donde en menos de tres kilómetros cuadrados viven más de 180 mil personas, un barrio donde el desarrollo no llegó. Nuestro sueño, desde el día uno y en lo que seguimos trabajando, es que lo que logremos como modelo aquí se pueda copiar en todas las comunidades vulnerables del mundo. Queremos cambiar el mundo y la sociedad con un sistema de empresa compartida. Como ven, siempre busco romper paradigmas, mejorar el modelo y mostrar con hechos concretos que las empresas son una herramienta para mejorar sociedades, que es posible lograr empresas justas, admiradas y donde todos se sienten parte.

Y como buena emprendedora, estoy iniciando una nueva empresa muy, muy disruptiva, que se llama CeEmprendedor, con un modelo modernísimo de empresa compartida… y también rompiendo paradigmas, ¡ya sabrás más!

Los emprendimientos pueden ser de todo tipo y apuntar a distintos objetivos. Me ha tocado empezar desde cero varias veces y espero que toda esta experiencia pueda servirle a alguien que tiene una idea en mente, pero no sabe cómo ponerla en práctica para que tenga éxito.

LO MÁS DIFÍCIL DE EMPRENDER

Emprender significa iniciar un proyecto que requiere de todo nuestro esfuerzo y trabajo para hacerse realidad, y aunque el camino está lleno de grandes alegrías y satisfacciones, también se deben enfrentar desafíos.

Emprender es difícil, especialmente al comienzo, cuando tenemos una idea de lo que podríamos crear, pero llevarlo a la práctica implica muchas horas de esfuerzo, tolerancia a la frustración y resiliencia.

Es parecido a convertirse en un Quijote que va contra las reglas, contra lo establecido, alguien que propone una nueva manera de hacer las cosas y que además tiene que luchar con el statu quo con personas que están acostumbradas a hacer siempre lo mismo y le temen a los cambios. Incluso a veces los emprendedores deben vencer las voces de su círculo más cercano, de la familia que te pregunta una y otra vez si estás segura de renunciar a tu trabajo estable y tirarte a la piscina con algo desconocido, o de los amigos que conocen solo una faceta tuya y no te imaginan capaz de liderar tu propia empresa.

Y lo más importante, emprender con éxito implica vencer tu propia voz interna, esa que a ratos duda de que pueda haber buenos resultados, esa que te dice que sí, pero mejor no ahora, quizá en uno o dos años más, cuando las cosas estén más tranquilas.

Déjame darte un consejo: si esperamos a que llegue el «mejor momento» o la «mejor idea» para hacer algo se nos va a pasar la vida. Tenemos que actuar ahora y resolver con sabiduría las dificultades que van surgiendo paso a paso. Crear una empresa de muebles no tenía nada de innovador, pero lo hicimos igual, y luego una cosa te lleva a la otra.

Por lo demás no existe la «gran idea», o la «idea redonda», solo existe gente que es capaz de hacer que las cosas pasen. El gran emprendedor es el que hace, no el que solo tiene grandes ideas. Acá a los campeones se les mide por la capacidad de hacer sueños realidad, y esto muchas veces implica equivocaciones, negocios que no funcionan, pero también aprender que es parte del camino, sacar lecciones de lo que no funcionó y por qué, tener actitud positiva y seguir adelante como buen emprendedor. «Equivocarse con estilo», como digo yo.

¿ES MÁS DIFÍCIL EMPRENDER SIENDO MUJER?

Me gustaría afirmar que, a la hora de emprender, hombres y mujeres enfrentamos el mismo grado de dificultad, pero no es así.

Hasta hace algunas décadas, ser mujer y emprendedora eran dos conceptos que no conversaban entre sí. Fue difícil, porque no existían referentes ni tampoco mayor interés por intentarlo. Las carreras universitarias para las mujeres se enfocaban en las áreas de educación o servicio, y muchas alumnas ni siquiera completaban sus estudios o alcanzaban a ejercer su profesión. Cuando llegaban el matrimonio y los hijos, esas pasaban a ser las únicas prioridades.

Hoy vivimos en una sociedad donde la igualdad de oportunidades se ha transformado en la base para tener un país más justo. Cada persona puede elegir lo que quiere hacer con su vida y con su trayectoria profesional, incluso puede cambiar de profesión y capacitarse en diferentes áreas sin importar la edad.

Gracias a estas ventajas, el emprendimiento femenino ha crecido y hoy llega al 50% en América Latina, según datos del Banco Mundial. En países como Guatemala, Colombia o México, las mujeres tienen más probabilidades que los hombres de poseer un negocio. Se estima que en la región existen 17,217,911 pequeñas y medianas empresas, y la mitad de ellas son fundadas y dirigidas por mujeres, contribuyendo al Producto Interno Bruto (PIB) en un 25%, de acuerdo a datos del estudio de 2021 de Global Report del GEM (Global Entrepreneurship Monitor). En Chile, las cifras gubernamentales estiman que el 38,6% de las micro, pequeñas y medianas empresas son lideradas por nosotras.

Las mujeres contamos ahora con más herramientas para la era que viene. Seguramente antes se le compraba más a un hombre emprendedor que a una mujer por prejuicios infundados. Pero lo cierto es que existen estudios que aseguran que los emprendimientos de mujeres son mucho más ordenados y rentables, tienen el doble de probabilidad de supervivencia, duran más tiempo, registran menos deudas y tienden a ser más solventes y responsables devolviendo créditos.

Por supuesto, aún tenemos desafíos pendientes y el futuro cercano nos ofrece una nueva oportunidad para trabajarlos. El reporte Global Entrepreneurship Monitor (GEM) 2022 indica que, si se hace una comparación general entre hombres y mujeres, el género femenino emprende un 10% menos que el masculino. La motivación existe, ya que muchas mujeres necesitan aumentar sus ingresos y abrirse a la posibilidad de hacer algo que les gusta, pero como sociedad aún nos falta apoyarlas más en la compatibilización del tiempo familiar con el laboral y entender que no somos las únicas a cargo del cuidado de los hijos, sino que se trata de una responsabilidad compartida.

La buena noticia es que las nuevas generaciones están cambiando esta realidad. Los jóvenes tienen más incorporados conceptos como diversidad, inclusión y equidad de género, para ellos es normal que una mujer pueda hacer las mismas cosas que un hombre y viceversa. Confío que en un par de décadas más cualquier persona pueda emprender y los desafíos que deba enfrentar sean universales, no condicionados por el género y los estereotipos que nos impone la sociedad.

LOS PRIMEROS PASOS A CONSIDERAR A LA HORA DE EMPRENDER

Un emprendimiento es la muestra concreta de que depende de una misma hacer que las cosas pasen.

Lo más lógico es comenzar buscando tu propósito en el mundo, aquello que te hace única: ¿Qué es lo que te mueve? ¿Cómo quieres impactar en los demás? ¿Qué problema buscas solucionar? Si tienes estas respuestas claras, es más fácil establecer una hoja de ruta.

Lo siguiente es investigar el mercado. Hazte preguntas y también hazlas a los demás. Conoce la oferta disponible y analiza cuál es tu valor agregado, cómo podrías diferenciarte de la competencia. Convierte esto en un desafío para tu proyecto.

Otro punto a tener en cuenta es la creatividad. Para captar clientes tienes que ofrecerles algo diferente y, para mantenerlos, la sorpresa es clave, porque querrán saber qué nuevo tienes, hay que sorprenderlos. Siempre actualiza y mejora tu producto, no pierdas de vista las tendencias. Es muy útil aprender del trabajo de otros para conseguir inspiración.

Busca siempre la colaboración en tu emprendimiento. Es verdad que hay cosas que podemos hacer solas, pero cuando te abres a compartir ideas y puntos de vista con otras personas y realidades, el resultado puede ser más valioso y enriquecedor para todos.

Si antes tuviste un trabajo de oficina o donde dependías de otros, no subestimes el trabajo de un emprendedor, porque es una tarea que requiere de muchas horas de esfuerzo y compromiso. Es cierto que dejas de depender de un jefe, pero tú misma pasas a estar a cargo de un proyecto y eso implica una cuota extra de compromiso y responsabilidad. Por eso es fundamental participar en actividades donde te sientas motivada, así tu dedicación será total. Tienes que emprender en algo que amas.

Cuando estés lista, define tu plan estratégico. ¿Cuál es la misión de tu emprendimiento?, ¿qué diferencia quieres marcar? Mientras más claro lo tengas, más fácil será explicar tu proyecto para conseguir recursos financieros o convencer a otros para que sean parte de tu equipo.

El corazón de cualquier emprendimiento apunta a detectar problemas que afectan a las personas y oportunidades que pueden ser útiles para enfrentar esas dificultades. El resto dependerá de nuestro empuje, creatividad e ingenio, también de la confianza y pasión que pongamos en ello.

Una vez me enseñaron que todo problema es una oportunidad de negocios y que, mientras más grande el problema, más grande la oportunidad. Así que sé una «solucionadora», busca la solución a grandes problemas en una industria, en la sociedad, en la vida de las personas.

EMPRENDIMIENTO Y EMPODERAMIENTO FEMENINO

Como mujeres tenemos muchos talentos, pero también varios retos en distintas etapas de la vida, en especial cuando nos relacionamos con otros. Comenzamos en el colegio, luego en la universidad y más tarde en el entorno laboral. Y para avanzar bien en cada uno de ellos, primero tenemos que preocuparnos de nuestro propio bienestar, de querernos y sentirnos bien con nosotras mismas.

Estamos viviendo en un nuevo concepto del mundo donde todos estamos llamados a escribir esta nueva historia, con nuevos valores, códigos y modelos. ¿Te das cuenta del tamaño de esta oportunidad?

Por eso creo que somos nosotras, con un pensamiento y un modo de enfrentar la vida muy diferente al de nuestras madres y abuelas, las que tenemos el poder de cambiar realidades y conseguir un mejor futuro con el ímpetu y convicción que nos caracteriza.

Creo en el poder interno y en lo que valemos para ser parte del cambio, aportando nuestro pequeño —pero a la vez enorme— grano de arena. También confío en apoyarnos entre nosotras. Cuando hablo de mujeres poderosas me refiero a poderosas de espíritu, mujeres que juntas multiplican su valor, porque cuando mi mamá, mi hermana o mi amiga están bien, yo me siento aún mejor y con más fuerzas para lograr lo que quiero.

LA NECESARIA COLABORACIÓN ENTRE HOMBRES Y MUJERES

Creo que nos falta trabajar el concepto de colaboración en su totalidad y no solo desde un punto de vista de género.

Las personas somos seres sociales por naturaleza y esto es visible en los buenos y malos momentos. Actividades como celebrar, comer y bailar provocan mayor bienestar emocional cuando se realizan de manera colectiva; mientras que, en épocas desafiantes, cuando trabajamos juntos en torno a un objetivo común los resultados son mejores y el sentido de pertenencia social aumenta.

Como una reacción casi instintiva hacia los problemas, tendemos a buscar ayuda entre nuestros más cercanos.

Hoy, a nivel de empresas y emprendimientos, existen distintas iniciativas que apuntan a esta falencia, con modelos de colaboración sostenible que cuentan con herramientas como mentorías, asesorías, acceso a redes y apoyo para levantar financiamiento, además de liderazgos empáticos, con un enfoque horizontal, ciudadano y participativo.

En el caso específico del género, nos falta romper con los estereotipos. Existen muchos comentarios acerca de si los hombres o las mujeres son mejores jefes, quiénes son los más capaces para trabajar con público. Nosotros mismos asignamos roles, incluso con personas de nuestro propio género. Nos falta cuestionarnos esa postura y trabajar entre todos para dejarla atrás.

En muchísimas empresas, hombres y mujeres que trabajan juntos se reconocen profesionalmente y han desarrollado relaciones donde lo que importa son las competencias y habilidades. El trabajo cooperativo nos permite conectar con la riqueza de la diversidad, porque solo a través de la interconexión podemos conocer otras realidades y formas de ver las cosas. También aumenta la confianza, porque cuando creemos en los demás, generamos energía positiva y logramos que cada uno dé lo mejor de sí mismo.

LA MUJER EN LOS GRANDES PUESTOS DE TRABAJO

La visión de las mujeres es vital en la nueva economía, nosotras tenemos grandes capacidades de gestión, empatía y una gran comprensión global de los problemas. No se trata de competir con ellos, sino reconocer nuestras ventajas comparativas y trabajar juntos para conseguir resultados más potentes que beneficien el resultado final.

Cuando las mujeres somos capaces de confiar en nuestra propia capacidad, las consecuencias positivas saltan a la vista. El mundo actual es muy complejo, necesitamos tener mucha visión sobre la mesa para navegar. Mientras más podamos potenciar esa visión, hay más posibilidades de hacerlo bien. Por eso creo que es una pena que aún existan empresas que no tienen mujeres en sus directorios, porque se están perdiendo una mirada necesaria, con códigos que son muy importantes.

Es más, diversos estudios han demostrado que tener una mayor cantidad de mujeres en puestos directivos en empresas trae efectos positivos, como la disminución de la brecha salarial entre hombres y mujeres, mayor rentabilidad y menores posibilidades de fracaso.

Pero aún queda mucho por avanzar. A nivel mundial, las mujeres ocupan solo el 18,2% de los puestos de directorios de empresas según el World Economic Forum y, a nivel de los países de la OCDE, la cifra aumenta a 25%. En Chile, en 2022 solo el 12,7% de los puestos de directorios son ocupados por mujeres y casi la mitad de las empresas (47%) no tienen mujeres dentro de sus directorios, de acuerdo a los resultados del reporte de indicadores de género de las compañías locales.

Respecto al emprendimiento en sí, cuando empezó la pandemia, se registró una contundente salida de mujeres de la fuerza laboral, quienes, por el deber de atender las demandas de cuidados en sus hogares, no retomaron la búsqueda de empleo. Las cifras del INE muestran que desde 2020 la baja sustancial en la fuerza laboral femenina significó un retroceso de más de una década en los avances logrados en materia de participación laboral.

Falta mucho por hacer y creo que, para recuperar el terreno perdido, es importante implementar políticas públicas y privadas para mejorar los índices de emprendimiento femenino. Así se contribuye a acabar con la desigualdad y fomentar la competencia en igualdad de condiciones. Si creamos políticas que ayuden a emparejar estos índices y creamos un incentivo para las pymes lideradas por mujeres, estamos al mismo tiempo dando valor al emprendimiento y emparejando la cancha para quienes se han visto más perjudicadas.

7 tips para emprender desde cero

Desde mi experiencia, y también gracias a los diálogos que he mantenido con decenas de emprendedores y emprendedoras a lo largo de todo el país, hay varios *tips* que pueden ser muy útiles para quienes están dando sus primeros pasos en el camino del emprendimiento.

1. Hay que aprender que las cosas toman tiempo, que no son inmediatas. Cuando una es muy soñadora quiere que todo ocurra al instante. Pero la realidad es que es más difícil de lo que parece. En ese sentido, también he aprendido una regla: nada es fácil, como nada es imposible. Este es un camino cuesta arriba, hay que convertirse en luchadoras y guerreras. Para lograrlo necesitamos trabajar valores como la paciencia y la persistencia. Algunos dicen que pocos lo logran, ya que la mayoría se rinde en el camino. No se rindan y créanme, que algo no funcione o que haya equivocaciones es parte del camino.

2. Busca ser más flexible, adaptable y humilde, **porque** cuando se trata de emprender una no «se las sabe todas» y siempre hay que dar espacio al aprendizaje que puede aportar el resto. Esto lo puedes desarrollar cuando te vinculas y colaboras con otras personas o emprendimientos para crear una gran red de apoyo.

3. Hay que reconocer la importancia de estar capacitándose constantemente. Es cierto ese refrán de que, aunque pasen los años, siempre hay nuevos conocimientos por adquirir. Ojalá investigar sobre los temas que están presentes en el mercado, buscar las oportunidades, aprender a ser terca, pero siempre escuchando un poco. Hablar con la mayor cantidad de personas que están haciendo lo mismo, también con quienes no les ha funcionado, para entender a qué problemas y desafíos se enfrentaron. Puede sonar obvio, pero muchas veces nos centramos en lo que nosotras mismas creemos y nos desconectamos de lo que necesita nuestro público objetivo y, a larga, eso puede convertirse en un gran error. Soluciona a otros, mejora a otros, haz feliz a otros con lo que hagas.

4. Elige bien a quiénes formarán parte de tu equipo, porque muchas veces tendrás que tomar decisiones importantes para el negocio y es importante estar acompañada para dividir el trabajo, pensar de forma estratégica y acudir a una visión externa complementaria para seguir creciendo. Si eres buena en el área financiera, busca personas que tengan habilidades gestionando, planificando o tratando con clientes, así cubres el espectro completo

de las necesidades que tendrá tu emprendimiento. Yo siempre recomiendo tener socios, recorrer el camino sola es más duro aún. Ahora, tener socios es un arte, un matrimonio, hay que trabajar la relación, tener claros los valores y habilidades de cada uno, y quién hace o entrega qué, para complementarse y valorarse.

5. Valora la diferencia. Como sociedad nos fijamos mucho en los estereotipos, pero si somos capaces de mirar más allá y relacionarnos con personas distintas a nosotras, hay mayor conexión y es más fácil que puedas llegar a tu público objetivo. ¡Mientras más distintos somos, más podemos colaborar! Busca socios y equipos con habilidades distintas a las tuyas para que te complementen.

6. Si caes porque las cosas no te están saliendo como esperabas, vuelve a levantarte. Cuando las cosas funcionan bien, no eres capaz de ver en qué fallaste. En cambio, cuando no logras algo, tienes la oportunidad de hacer una pausa para reflexionar y luego intentarlo de nuevo con la lección aprendida. Las equivocaciones son parte del camino y con cada una de ellas podemos aprender y convertirnos en personas más fuertes. Crece, aprende, cree, mejórate, busca todas las maneras de sacar las cosas adelante.

7. Usa la resiliencia, perseverancia y automotivación para despertarte cada día con un motor. Emprender implica muchos desafíos, y la clave es encontrar soluciones para rodearlos, sin desmotivarse en el camino. Cuando

entiendes que es parte del juego, las frustraciones son menores. Los emprendedores tienen que ser insistentes para
lograr su sueño. Tienes que ir por él, hacer que pase. ¡Tú
puedes ser campeona!

EMPRENDER ES VIVIR CON ESPERANZA,
CON SUEÑOS, CON ACCIÓN

¡Te esperamos cambiando el mundo!

Bonus track

¿Buscas inspiración? Aquí algunas recomendaciones para tu tiempo libre:

DISCURSO DE STEVE JOBS EN STANDFORD

Este discurso del cofundador de Apple ocurrió en 2005 en una ceremonia de graduación de la Universidad de Stanford y desde entonces se convirtió en un hito.

En ella, Jobs habla de muchos temas, entre ellos la vida, el amor, la pérdida, la muerte y cómo incluso las malas experiencias le sirvieron para aprender y abordar las cosas de manera distinta. Una de sus frases más recordadas es la siguiente: «A veces, la vida te da en la cabeza con un ladrillo. No pierdan la fe. Estoy convencido de que la única cosa que me mantuvo en marcha fue mi amor por lo que hacía. Tienen que encontrar qué es lo que aman. Y esto vale tanto para su trabajo como para sus amantes. El trabajo va a llenar gran parte de su vida, y la única forma de estar realmente satisfecho es hacer lo que consideren un trabajo genial. Y la única forma de tener un trabajo genial es amar lo que hacen. Si aún no lo han encontrado, sigan buscando. No se conformen».

El discurso está disponible en internet.

LIBROS

Libera tu magia: Una vida creativa más allá del miedo, de Elizabeth Gilbert. La misma autora de *Comer, rezar, amar* desarrolla en este libro la idea de que todas las personas nacemos con un lado creativo que no siempre desarrollamos por razones prácticas o profesionales.

A medida que leemos, vamos aprendiendo cómo tener una relación positiva con nuestra creatividad, cómo ser disciplinadas, pero no tomárselo demasiado en serio, cómo equilibrar las grandes expectativas con la realidad y cómo cada pequeño acto cotidiano, ya sea un dibujo, decorar la casa, pintar o salir a caminar, son actividades que alimentan esa parte creativa de los humanos que debe formar parte orgánica de nuestras vidas.

Muy recomendable para quienes no se sientan demasiado creativas. Todas lo somos en distintos grados, solo que a veces ese poder está dormido y hay que despertarlo.

Triunfo. Una guía para alcanzar la plenitud, de Robin S. Sharma, que entrega 101 lecciones simples, directas y muy aplicables para disfrutar del trabajo y de la vida. Muy fácil de leer y con consejos que nos pueden ayudar en momentos de bloqueo para recobrar la inspiración, la pasión y el entusiasmo por lo que hacemos.

Los nombres de los capítulos van desde «Sé tu mejor tú», «El poder de lo sencillo», «Presta atención a los momentos memorables», hasta «La música mejora la vida».

CAPÍTULO CUATRO

Amistades

CÓMO ELEGIR A QUIENES SUMAN

NUESTRO CÍRCULO CERCANO

Amistad

Elegir nuestras amistades cuesta muchísimo. He tenido experiencias que han sido de las más decepcionantes de mi vida. ¿Por qué digo decepcionantes? Porque muchas de nosotras, cuando vemos a todos nuestros amigos y conocidos en redes sociales, creemos que contamos con ellos, pero no es así. A medida que vamos creciendo y pasamos por momentos importantes —buenos o malos— de forma ingenua suponemos que van estar ahí de manera incondicional. Por eso, cuando nos fallan en el momento que menos pensamos, es muy fácil desilusionarnos, pero también es una oportunidad para reflexionar sobre quiénes son nuestros amigos de verdad.

Con el tiempo me di cuenta de que muchas de las personas que consideraba «amigas» en realidad no lo eran. Hoy me bastan los dedos de una mano para saber cuántos son los que estarán cuando los necesite, sea positivo o negativo lo que esté ocurriendo.

Es importante tener claro con quiénes contamos, sobre todo en las situaciones difíciles, porque esos son los momentos en que la gente suele alejarse. Queramos o no, siempre existirán los que se acerquen a ti por interés. Al menos eso me pasó a mí por mucho tiempo. No te imaginas la cantidad de personas que me rodeaban solo porque pensaban que podían obtener beneficios o sacar provecho de nuestra relación. Si no tenemos cuidado, en la amistad también pueden manifestarse las relaciones abusivas, en las que la manipulación, el egoísmo y los celos son los principales ingredientes. Debemos saber elegir a nuestros amigos y a quienes les entregamos nuestra confianza y buenas energías.

Aunque muchas veces lo olvidemos, tenemos el poder de seleccionar a nuestro círculo cercano. Relacionarnos con gente tóxica influye muchísimo en nuestro autocuidado, en nuestro amor propio y seguridad, porque absorbemos las malas energías de quienes no deberíamos tener cerca.

Cuando hice el ejercicio de preguntarme a quién llamaría si tuviera un problema para que fuera en mi ayuda, supe que la cantidad de amigos que tenía era mucho menor de la que creía. Concluí que casi no tenía amigos reales, porque me costaba pensar en alguien que me ayudara en una emergencia. No sabía quién contestaría el teléfono. Incluso me sentí culpable, porque pensé que tal vez no me había dedicado a cuidar esas pocas amistades que tenía o a pasar más tiempo con ellas. Las amistades se cultivan, igual que las relaciones amorosas (y las plantas).

Te invito a que escribas las cinco primeras personas que se te vengan a la mente cuando escuchas la palabra «amistad»:

1. _____
2. _____
3. _____
4. _____
5. _____

AHORA VAMOS CON OTRO EJERCICIO

Voy a asumir que también usas redes sociales. Sé que cuesta mucho hacer este ejercicio, por lo menos a mí me costó. Te invito a que abras alguna de las redes sociales que tienes y hagas una limpieza de tus «amistades». Te darás cuenta de que sigues a personas que sí son tus amigos y que te suman cosas positivas y también que sigues a otras que no lo son… Te propongo que dejes de seguirlas. Atrévete, sin miedo.

¿Qué tan difícil fue eliminar gente de tus redes sociales?

_____ No pude

_____ Me costó mucho

_____ Lo logré

_____ No me importó

_____ Fue muy fácil

¡Tus amigos
deben ser
de esos que
cuando te pase
algo bueno se
emocionen
mucho más
que tú!

REDES SOCIALES

Hoy nos enfrentamos a una variable desconocida para nuestros padres, abuelos, bisabuelos y más: las redes sociales, herramientas que nos hacen definirnos como personas en el espacio virtual —y a veces real— de manera inconsciente.

En el universo cibernético muchas veces nos escondemos detrás de una máscara para intentar demostrarle al resto lo exitosas que podemos ser. Nadie sabe si lo que mostramos en redes sociales es verdad o no, y eso es un arma de doble filo.

En internet abundan los personajes inseguros que no están preparados para entablar una conversación en la vida real. Vivimos dentro de un mundo paralelo donde permitimos que la cantidad de seguidores, *likes* o comentarios nos hagan sentir algo. No voy a mentir. También he caído en el error de pensar que mi éxito dependía de cuántos corazones recibía en una foto o de lo que diría el resto cuando viera que quizá no era tan popular en redes sociales. Lo que comenzó como juego para mostrar algunas partes de nuestra vida, hoy también para muchos es una herramienta de trabajo que genera ansiedad por conseguir la mayor cantidad de *followers* y estar constantemente en la búsqueda de la aceptación en los otros.

Estudios han demostrado que redes sociales como Instagram generan depresión y angustia y, sobre todo, inseguridad en gran parte de la población por no cumplir con sus expectativas en cuanto a números. En este escenario, todo se vuelve una competencia, especialmente entre los usuarios adolescentes, en quienes la validación personal puede depender de la popularidad de sus perfiles. ¿Te ha pasado algo similar?

Quiero que te quede claro algo: esa imagen que muestras en Instagram no te representa, no eres tú. Partamos por eso. Sabemos que lo que compartimos en redes sociales es lo que nos conviene, de lo contrario, ¿por qué subiríamos fotos llorando o mostrándonos en nuestros peores momentos? Debes saber que eres mucho más que una historia de Instagram o un baile de TikTok. Las vidas de las personas que sigues en redes sociales no se pueden comparar a la tuya. Puedo asegurarte que mi Instagram es un ochenta por ciento organizado y un veinte improvisado. Hace un tiempo tomé la decisión de que sería mi plataforma de trabajo, por lo tanto, debo ser ordenada. Me preocupo de entregar mensajes positivos y seguir a personas que generen contenido similar. Como es mi medio de trabajo y mi red social, no tengo por qué aceptar insultos de personas que ni siquiera me conocen, así que tengo tolerancia cero con los *haters*.

Es posible dar un buen uso a las redes sociales. No todo es competencia de *likes* ni comentarios feos. Tenemos la oportunidad de entregar un mensaje a través de nuestros perfiles: uno que sea, por ejemplo, educativo para niñas y mujeres, con el que aprendan sobre distintos temas tan importantes en el siglo en el que vivimos, como el amor propio y la deconstrucción de estereotipos de género, por nombrar algunos.

Tú eliges a quién seguir, pero procura que sean personas y páginas que nutran de manera positiva tus pensamientos. Si sigues cuentas de Instagram que te hacen sentir insegura sobre tu cuerpo, hábitos y estilo de vida, mejor dales *unfollow*. Las redes deben ser un aporte para tu día a día, no una relación tóxica más. Haz el ejercicio de revisar a quiénes sigues. Ya sabes qué hacer con las cuentas que no te dan confianza ni autoestima.

¿QUÉ SIENTES POR UN *like*?

¿Qué te ocurre cuando subes una foto a Instagram? ¿Quieres sumar una buena cantidad de *likes* que te dé tranquilidad mental para no quedar mal ante tu audiencia? Si es así, no eres la única que espera eso. Somos muchos los que hemos pasado por estas etapas donde nuestro día puede cambiar según el éxito de nuestra publicación.

Al exponer tanto nuestras vidas, queremos validar cada una de nuestras acciones publicándolas en el ciberespacio, estando pendientes de cuántos corazones, comentarios, aplausos y ovaciones recibimos. ¿Será muy lejano a la realidad? ¿Es un juego? ¿Una obsesión?

Las redes sociales no pueden determinar las emociones en nuestras vidas, solo deben ser una entretención, algo que nos ayude a conectarnos con otras personas/ amigos de forma divertida, o una herramienta de trabajo si eres emprendedor o *influencer*.

Durante muchísimo tiempo —años, para ser sincera—, mi felicidad dependió de Instagram. Era terrible. Sé que soy una persona obsesionada con sus aficiones, pero había caído en un juego en el cual, al momento de subir una foto, podía estar durante una hora completa haciendo *refresh* para saber si le había ido «bien o mal» según mis parámetros. Si a la foto le iba increíble, me sentía en mi mejor momento, ¡como si fuera una *winner* y todos se dieran cuenta porque le pusieron *like*! Cuando subía fotos que creía que tendrían buena aceptación y no era así, mi estado de ánimo se desmoronaba, me convertía en una versión de mí misma que no me gustaba. ¡Me angustiaba al nivel de dejar lo que estaba haciendo en ese momento para luego ponerme triste! Al menos me di cuenta a tiempo de en lo que había caído y pude hacer algo al respecto. Hoy, cuando subo fotos, pongo a un lado mis emociones y recuerdo que esto es un trabajo que no puede comprometer mi estabilidad personal. Dejo el celular, respondo un par de comentarios y nada más. Ya no siento la necesidad de validarme de esa forma. Costó, pero lo hice.

¿QUÉ SIENTES POR UN *like*?

_____ Euforia

_____ Angustia

_____ Diversión

_____ Ansiedad

_____ Adrenalina

_____ Compromiso

_____ Me da lo mismo

Haters gonna hate

Soy una convencida de que desde el momento en que comenzamos a exponer parte de nuestra vida en redes sociales, el resto se siente con el derecho de opinar sin que nadie se lo pida. No entiendo por qué a algunos les enoja tanto la libertad ajena, por qué les molesta ver brillar a otros. ¿Cuál es la idea de escribir comentarios hirientes y mala onda a alguien que ni siquiera forma parte de tu vida real? Que las redes sociales sean espacios abiertos no significa que podamos criticar a otras personas porque sí.

Exponerme a las críticas es una de las cosas que más me ha costado. Es muy difícil entender que hay gente que te va a querer, pero al mismo tiempo que hay personas que querrán que te vaya muy mal para reírse de ti. Aprender a que las críticas no te afecten es un trabajo DURÍSIMO. ¿Quién está preparada para eso? ¿Te imaginas que desconocidos todos los días te bombardearan con comentarios sobre tu persona?, ¿sobre tu cuerpo?, ¿tu trabajo? Las palabras hirientes pueden afectar muchísimo la seguridad y autoestima; no sabes cómo se las tomará quien está detrás de la pantalla. Así han empezado los casos más emblemáticos de ciberbullying y suicidio adolescente.

En mi primer libro conté la historia de cuando un desconocido me comentó por Twitter que tenía «piernas de pernil» y que me las tenía que operar. Me gusta volver sobre esto porque ese comentario me llegó en un momento de tanta inseguridad que llegué a creer en lo que él me dijo y me operé. Así es, por el comentario de un desconocido estuve años odiando mis piernas (incluso después de operarlas), creyendo que eran feas, gordas y grasientas, muy parecidas a las de un cerdo. Los comentarios que hacemos en redes sociales no se quedan flotando en la pantalla del celular de quien los lee, sino que entran en su vida. Es una realidad.

Al final tuve que aprender a crear un gran escudo para protegerme y lograr que ese tipo de comentarios no dañaran mi autoestima, porque si no créeme que podía estar todo un día deprimida leyendo y creyendo lo que me escribían.

Después de la publicación de mi primer libro me tuve que enfrentar a distintos tipos de opiniones. La mayoría siempre fue positiva, pero, como siempre, no faltan comentarios negativos y resentidos.

Aquí les comparto algunos.

Comentario 1:

«Tú dependes de las opiniones, si no, no te sacarías fotos así. ¿Cuál es el fin? Que te vean, que les den *like* a tus fotos. Criticas algo que tú haces, no creo en nada de lo que escribes, partiendo por tu historia con un hombre mayor donde todos tienen responsabilidad menos tú. Mujeres así no nos representan. Tanto personaje televisivo dándoselas de gurús femeninos. Ja ja já, penosas.»

MUJER ANÓNIMA

Comentario 2:

«Inventan que fueron abusadas solo para llamar la atención.»

MUJER ANÓNIMA

Comentario 3:

«Esta tipa me carga, dice que fue abusada, se hace la víctima, y luego sube fotos viajando o en bikini de lo más feliz. ¿No deberías estar llorando?»

MUJER ANÓNIMA

Comentario 4:

«Si subiste quince kilos y dices que te amas, entonces ¿por qué bajaste de peso? Se contradice con tu discurso. Si no, te hubieras quedado gordita nomás. No te creo nada.»

MUJER ANÓNIMA

Comentario 5:

«¡Qué manera de llorar! Ahora hasta en un libro. Nadie te mandó a meterte con un hombre mucho más viejo que tú a los quince… de niña andabas hueveando. El hombre no tiene la culpa si tú estabas caliente y prestaste el culo de niña y ahora lloras porque según tú eso es abuso.»

HOMBRE ANÓNIMO

Comentario 6:
«No tienes ningún brillo. Con razón abusaron de ti, jajajá. Se hace la ingenua.»

MUJER ANÓNIMA

Desde que noté que me llegaban estos comentarios tan llenos de odio, decidí hacerles captura de pantalla para guardarlos. ¿La razón? Me llamaba la atención que vinieran, sobre todo, de mujeres: mi propio género. Ya he abordado este tema en estas páginas, pero considero importante que lo retomemos. Siempre debemos apoyarnos, y con mayor razón cuando hablamos sobre relaciones abusivas. Si una mujer te dice que está atrapada en una relación tóxica y te pide ayuda, ¿qué vas a hacer? ¿No le vas a creer? ¿Acaso es un tema para bromear? Solo espero que las que se toman esto a la ligera nunca tengan una hija, hermana, madre, amiga, o incluso ellas mismas, que vivan algo así.

Esto no es un juego. Las mujeres que están en una relación abusiva y no son protegidas ni ayudadas a tiempo pueden ser víctimas de femicidio. Muchas se rehúsan a contar lo que viven por vergüenza o miedo a que no les crean. ¡Evitemos eso! No queremos más mujeres víctimas de maltrato. ¡Sé parte del cambio!

#NiUnaMenos

Algunas veces me doy el tiempo de responder comentarios que puedan afectar mi autoestima.

La Belén de antes quizá se tomaba horas para batallar con los *haters* y lograr entender por qué *x* persona pensaba *x* cosa sobre ella. Antes me daba rabia y pena ver que alguien que no me conocía tenía la osadía de escribirme palabras tan horribles. Pero las cosas cambian, y ahora mi mejor consejo para mí misma y para ustedes ante los comentarios desagradables es: responde con un corazón.

Bloquea, elimina y adiós.

A quién
te lastimó
deséale amor,
eso le falta,
eso te *sobra*

Miedos

Mientras escribo, me pregunto lo que quiero ser. A las mujeres nos han llenado de mandatos, estigmas y tabúes. Qué emocionante es darte cuenta de que, si quieres ser diferente, puedes serlo. Eso nos hace ser auténticas.

Me crie en una familia disfuncional: mi padre era abusivo con mi madre. Creo que pasar por tantos tribunales y oficinas de asistentes sociales me provocó traumas que aún tienen secuelas en mí. Por esa razón yo he decidido hacer cambios y forjar una vida diferente. Día a día sumo más ganas de ser libre, tener menos pudor, tabúes y prohibiciones. Mi familia estaba llena de miedos; se buscaba sobrevivir más que vivir. Me acostumbré a aceptar lo que me dijeran y que otros tomaran decisiones por mí. La relación abusiva que tuve en mi adolescencia me marcó y me dejó llena de inseguridades en relación a lo que era capaz de hacer. Dejé de confiar en mí. En pocas palabras, creí que sin él yo no valía nada.

Cuando los miedos comienzan a apoderarse de ti se convierten en tu peor enemigo, porque te impiden avanzar. Dejamos de vivir el presente, de sorprendernos, de confiar y de expresarnos.

Para enfrentar los miedos, debemos conocerlos.

MIS MIEDOS

- Miedo a la soledad.
- Miedo a la inestabilidad.
- Miedo a no cumplir las expectativas del resto.
- Miedo a no ser exitosa.
- Miedo a no ser buena madre.
- Miedo a no poder realizar todo lo que quiero.
- Miedo a amar a la persona incorrecta.
- Miedo a que me sean infiel.
- Miedo al dolor.
- Miedo a las alturas.
- Miedo a enfermarme y no haber hecho todo lo que quería en la vida.
- Miedo a la muerte.
- Miedo a que me controlen.
- Miedo a dañar a las personas.

COSAS QUE HE DEJADO DE HACER POR MIEDO

- Vivir en otro país.
- Terminar una relación a tiempo.
- Cortarme el pelo estilo melena.
- Decirle «te quiero» a mi padre cuando aún estaba vivo.
- Enfrentar cara a cara a alguien que me ha pasado a llevar.
- Bloquear a personas de redes sociales.
- Restringir contactos en redes sociales.
- Estudiar.
- Tirarme en paracaídas.
- Crear mi propia marca.

Hice una lista con los míos.
Quiero que hagas una con los tuyos.

Tus miedos:

Cosas que has dejado de hacer por miedo:

Adiós, miedos

En este apartado me es inevitable recordar una conversación que tuve con una gran compañera llamada Michelle Poler, autora del libro *Hello, fears* (Hola, miedos). Si no lo has leído, te invito a hacerlo para que podamos reflexionar sobre los distintos miedos que tenemos/sentimos. Ella hizo un proyecto que se llama «Cien días de vivir sin miedos», a raíz del cual se dio cuenta de que es imposible no tener miedos y vivir sin ellos. Indagó en cuáles eran los más significativos a los que se ha enfrentado y cómo habían afectado en sus sueños, sus metas y su cotidianidad.

Es impactante la forma como nos aferramos a nuestros miedos y dejamos de lado muchísimas cosas que queremos hacer. Para ser sincera, uno de mis temores más grandes siempre ha sido lo que va a decir el resto respecto de mis decisiones. Pésimo. Estar atentas a lo que puedan opinar sobre lo que hagamos solo va a frenar nuestras acciones.

El libro de Michelle Poler me gustó muchísimo. Tuve la oportunidad de hablar con ella sobre este tema en un Instagram *live*. Si quieres verlo, el video está en mi perfil @belen_soto. Conversamos de su experiencia con los miedos, y sobre cómo ella logró enfrentarlos y tomarlos como algo positivo. La invitación es a SOÑAR EN GRANDE, y pensar «**¿Qué es lo mejor que me puede pasar? ¿Qué pasa si lo hago?**». Esto se puede llevar a distintos aspectos de nuestras vidas.

Uno de los tantos ejemplos que mencionó Michelle es lanzarse de un paracaídas, o hablar en público. Justo ahí hay que plantearse: ¿qué es lo mejor que me puede pasar? Cosas maravillosas nos podrían ocurrir. En cambio, si hacemos la pregunta a la inversa: ¿qué es lo peor que puede pasar?, quizá no nos arriesgaremos.

Piensa en este momento en uno de esos miedos que anotaste en la lista anterior, vuelve a tu cabeza con la idea y di «**¿qué es lo mejor que me puede pasar si es que lo hago y me atrevo?**».

¿Qué tal si nos arriesgamos a vivir y a cambiar, sin esa presión de lo que el resto pueda opinar? Sonará cliché, pero la vida es una sola. Por eso hoy me concentro en cumplir esas metas que quiero y deseo. Me intriga más saber qué podría pasar en vez de preguntármelo eternamente.

Michelle se convirtió en una mujer power, *speaker*, autora, soñadora en grande.

¡Ahora es tu turno y el mío!

¿Qué tal si nos replanteamos esos miedos que tenemos? Volvamos a nuestra lista y preguntémonos «¿por qué no?, ¿por qué no hacerlo?». ¿Qué miedo vencerías primero?

Yo creo que partiría tirándome en paracaídas. Me aterran las alturas. Sufro de vértigo, pero me emociona la idea de atreverme. También me gustaría vivir en otro país. Sueño con tomar dos maletas y comenzar una nueva vida en algún lugar distinto, fuera de mi zona de comodidad.

¡AHORA TE
TOCA A TI!
¿POR DÓNDE
QUIERES
COMENZAR?

CAPÍTULO CINCO

Amor, sexo y otras cosas

EXPERIEN-CIAS PROPIAS

9 COSAS QUE

debemos trabajar en el amor verdadero

1. Si el amor duele, no es amor; así de simple. Si comienzas a sentirte incómoda, que algo no encaja ni fluye, quizá ya es momento de salir de esa relación. Tendemos a ser un poco masoquistas y aceptar cosas que nos hacen mal, pensando en que son muestras de amor. No debes cambiar para adaptarte a tu pareja, así como tampoco tragarte cada desilusión.

2. El amor no es control ni exigencia, es libertad y confianza.

3. Una relación sana no está basada en quién tiene más poder, sino en la búsqueda del equilibrio para ambos. La idea de hacer «sacrificios» por el otro no tiene que ver con amor.

4. No debemos aceptar situaciones como el abuso, el engaño, la manipulación emocional, el maltrato o la falta de respeto a nuestros valores.

5. La comunicación y el diálogo son necesarios en una relación de complicidad. El amor es algo que se construye y se proyecta de a dos.

6. No tenemos que creer que para que la relación funcione no deben haber problemas o discusiones; estos siempre existirán, lo importante es saber resolverlos con respeto, compromiso y estabilidad.

7. Es importante que conozcas tus límites.

8. Si nos focalizamos en idealizar al otro, viviremos en una mentira. Debemos saber que, como seres humanos, siempre seremos distintos. Hay que entender que no nos agradará todo del otro, pero aun así nos comprometeremos a amarlo con sus defectos y virtudes.

9. Y una regla universal: no hay pareja perfecta.

RE
COR
DA
TO
RIO

El amor verdadero parte por el amor propio

No esperes entregar amor a otro o recibirlo sin antes amarte a ti misma.

El único gran amor que tendrás para toda la vida y no podrás romper es el propio.

¿Estoy enamorada o acostumbrada?

Es natural querer sentirnos enamoradas de nuestra pareja siempre, ¿no? Querer vivir dentro de un cuento de hadas, pero luego nos damos cuenta de que la idea que teníamos del amor no era la correcta.

Me sorprende conocer muchísimas parejas que siguen juntas por costumbre y no por estar enamoradas. Lo que las mantiene unidas es el miedo de perder a esa persona con la que han pasado tanto.

Una de mis sensaciones favoritas, por lejos, es estar enamorada: sentir esas mariposas en el estómago cada vez que tu pareja te escribe, te besa, te dice lo linda que te ves. Pero a medida que el tiempo transcurre la relación puede tender a convertirse un poco rutinaria y aburrida. Puede ocurrir en cualquier momento: a los tres meses, al año, a los veinte, o tal vez nunca. Por eso es muy importante saber diferenciar las etapas que vamos viviendo junto a la persona con la que estamos, y no dejarnos llevar por el simple hecho de que entre ambos existe amor y que, por lo tanto, debemos estar juntos. Las relaciones se trabajan día a día, con detalles, mensajes, cariño, palabras, acciones y siempre de forma recíproca, no que uno entregue más que otro. Esa es la base de cualquier compromiso.

Si hoy estás en una relación, pregúntate si te sientes enamorada o si solo es una rutina.

Según la RAE, una persona enamorada es quien «siente amor y atracción sexual por alguien». Eso es lo que deberíamos sentir por nuestra pareja, pero no podemos asumir que siempre será así. Debemos hacernos cargo de nuestros sentimientos y acciones si es que en algún momento dejamos de sentir amor. Si la persona con la que estás no te mueve el piso, ¿será una señal para terminar? Puede ser una opción, como también lo es conversar el tema con tu pareja y afrontar que están en una relación rutinaria y aburrida.

También es válido darse un tiempo, separarse por un período definido o indefinido. No significa que vayan a terminar, sino que se replantearán la relación cuando sea el momento acordado de volver a conversar. Así ambos podrán saber si se extrañan o si solo estaban acostumbrados a la idea de estar con alguien.

Es bueno regalarte un tiempo para ti, sin miedo a lo que pueda pasar, porque hay algo muy cierto: cuando alguien es para ti todo fluirá y dará resultado.

Ama
mucho, fuerte, libremente y sin pudor. Solo *ama*

Pudimos estar en una relación ×tóxica× sin saberlo

Las relaciones son complejas

Quizá varias no hemos tenido buenos referentes de relaciones sanas, así como también nos hemos embobado con la idea del amor romántico que las películas y la cultura popular nos han vendido toda la vida. Por eso, muchas podemos haber estado en una relación tóxica sin siquiera saberlo. Hay distintas maneras de identificarla. Cuando una persona tóxica se acerca a nosotras y es capaz de establecer un vínculo, es porque encuentra puntos para atraer esa toxicidad.

NO ESTOY DICIENDO
QUE SEA TU CULPA.
SI TU PAREJA TE AGREDE FÍSICA O
PSICOLÓGICAMENTE,
NUNCA TE LO MERECES.

Lo que digo es que para no volver a caer en una relación tóxica necesitamos entender cuáles son nuestras propias toxicidades —todos las tenemos— y estar atentos a las señales del otro. De lo contrario, cambiamos de pareja, pero no el tipo de relación que nos hace daño.

¿POR QUÉ ENTRÉ AHÍ?

Luego de mucho tiempo pude asimilar que entré a una relación tóxica porque quizá buscaba una figura paterna. Sentía tanto la falta de alguien que me guiara que encontré a F, un hombre mayor que parecía saber del mundo y era lo que yo consideraba un ideal de ser humano masculino… Claramente me equivocaba y no lo sabía.

La falta de confianza en mí misma me generaba un miedo constante al abandono, como lo viví con mi padre, entonces empecé a entregar más de lo que correspondía y a soportar más de lo que debía. Desarrollé una carencia afectiva tan grande que me volvió incapaz de valorarme, y empecé a buscar afuera una validación y un amor que nunca llegarían. Me vi insegura frente a otras personas y justifiqué que él se fijara en otras mujeres porque yo no era lo suficientemente buena para él. Creía que debía estar linda siempre y aceptar todo lo que él me impusiera para que no me dejara.

Cuando empecé a trabajar el amor propio pude ver con claridad que la elección de una pareja podía aportarme o restarme, no había punto medio. Me tomó tiempo. Después de una experiencia abusiva, hay que estar conscientes de que es muy fácil volver a caer en algo así.

No se debe bajar la guardia.

SEÑA-
LES
DE UNA

relación tóxica

A VECES LAS SEÑALES SON CLARAS, COMO EN
LOS CASOS EN LOS QUE PREDOMINA LA AGRESIÓN
FÍSICA, PERO EN MUCHOS OTROS LAS RELACIONES
TÓXICAS SE MANIFIESTAN FRENTE A NUESTROS
OJOS DE DISTINTAS FORMAS Y ELEGIMOS
JUSTIFICARLAS COMO «EXCESOS DE AMOR»:

No lo son

Señales claras:

Las voy a repetir, porque nunca está de más:

- Necesidad de tener control sobre tus amistades, tus horarios y tu ropa.
- Celos desmedidos con tus amigos y familia. Obligación de excluir gente de tu vida y de tus redes sociales.
- En las discusiones de alguna manera la situación se da vuelta y terminas tú pidiendo perdón por algo que sabes que no era tu culpa.
- Cuando logras algún desafío personal o profesional a tu pareja parece molestarle.
- Tu pareja te hace sentir tonta, fea, inferior. A veces te dice cosas humillantes y después se excusa diciendo que era una broma.
- Tu pareja ataca todas tus inseguridades haciéndote creer que será la única persona que puede llegar a amarte, convenciéndote de que es casi un favor que te hace.
- Tu pareja te fuerza a tener relaciones sexuales cuando no tienes ganas y te chantajea con que va a terminar contigo.
- Después de hacer algo imposible de perdonar, tu pareja llora, pide perdón y dice que nunca más lo hará.
- Acude al chantaje emocional como, por ejemplo, «Si terminas conmigo, me voy a matar».

- Sientes que antes de la relación eras más feliz y ahora estás más triste e insatisfecha contigo misma.
- Te menosprecia diciéndote cosas como:
  Que no lo haces feliz en la cama (te echa la culpa).
  Que no lo haces feliz en la vida cotidiana.
  Que te crees perfecta y no vales nada.
  Que estás pendiente de él todo el día.
  Que se quiere ir porque ya no te soporta.
  Que es libre de hacer lo que él quiera.
- Te insulta con palabras como «loca», «puta», «poca cosa».
- Te dice que te hará la vida imposible.
- Te amenaza con asuntos personales.

Señales ocultas:

- Un día tu pareja te idolatra y al otro dice que te odia y que eres lo peor del mundo.
- Empiezas a tener susto de expresarte, porque no quieres que tu pareja se enoje contigo. Sientes que mides tus palabras y tus actos todo el tiempo.
- Cuando no tienes ganas de hacer algo (desde salir a tener relaciones sexuales), tu pareja te hace sentir culpable.
- Tu pareja ve problemas en tu familia y amigos y te incentiva a romper relaciones con ellos. Te apremia cuando no lo haces.
- Necesita espacio.

Es importante poner una alerta roja a estas situaciones:

- Cuando tu pareja te dice cosas que te dejan bajoneada.
- Cuando es frecuente que te levante la voz.
- Cuando se enoja y lanza objetos o golpea la pared.
- Cuando después de una discusión te mira fijamente y no te deja pasar o salir.
- Cuando empieza a querer controlar tu dinero.
- Cuando amenaza con terminar contigo.
- Cuando encuentra normal revisar tus cosas, como celular y redes sociales.
- Cuando luego de una discusión actúa como si no hubiera pasado nada e intenta calmarte para dar vuelta la situación y dejarte a ti como la conflictiva.
- Cuando comienza a manejar tus horarios y amistades.
- Cuando desconfía de cada una de tus acciones.

PARA TENER EN CUENTA:

Dependencia emocional

Si te diste cuenta de que el vínculo que te une con esa otra persona implica ser dependiente de sus planes, gustos, opiniones y decisiones, y que necesitas en todo momento su validación para poder actuar, es muy probable que exista una dependencia emocional.

Actitud controladora

Si sientes que no tienes privacidad porque te obliga a «reportarte» para que sepa dónde estás, qué estás haciendo, con quiénes te encuentras, te está controlando.

Culpabilidad

Si te culpa de todo lo malo en la relación sin dar lugar al diálogo y, por el contrario, nunca asume sus propios errores, es probable que esté utilizando la culpa para manipularte.

Aislamiento y posesión

Muchas veces empieza a cuestionar a las personas con las que te relacionas para provocar un conflicto e intentar que te aísles y estés a su disposición y bajo su control todo el tiempo.

Violencia

En las relaciones tóxicas, la violencia puede ser psicológica, física y/o sexual. Uno de los problemas en este punto es que muchas veces no pensamos en la violencia psicológica como una agresión, pues no tiene el elemento físico. Insultos, faltas de respeto, humillaciones, apropiación de tu privacidad y exigir que cambies tu forma de ser también son formas de violencia.

> «Hacemos mal en pensar que la única forma de violencia es la física. Hay otras infinitas maneras de agredir, y son mucho más complejas de detectar. Cualquier persona que te cause humillación, que te haga sentir insegura mediante palabras y actitudes, es una persona violenta. Por lo tanto, sal de ahí.»
>
> BELÉN SOTO, *No te lo mereces*

¿Cómo salir de una relación tóxica y/o abusiva?

Terminar una relación es algo doloroso, sobre todo si estás envuelta en una dinámica tóxica. No se trata solamente de alejarse de esa persona, sino de reflexionar y recordar por qué lo hiciste.

Primer paso: poner en la balanza lo que tú vales. El autoconocimiento es tu respuesta para salir de ahí. Recuerda quién eres y piensa en cómo quieres verte en un año más.

Segundo paso: es importante dimensionar con qué tipo de persona nos estamos relacionando. ¿Es alguien peligroso? Sé que podemos engañarnos y pensar que el otro no es tan malo como una cree, pero si tienes alguna duda, toma todas las medidas para protegerte. Por ejemplo, si quieres terminar la relación, espera a que él no esté en la casa para agarrar tus cosas e irte de ahí. Actualmente, contamos con distintas plataformas de ayuda y apoyo a mujeres que están en una relación abusiva, así que te doy el más importante de los consejos: PIDE AYUDA. Confiar en alguien a quien aprecies y comprenda lo que te está pasando ya te hará sentir más libre.

CORTA TODO CONTACTO

Nos enseñan que tenemos que entregar y entregar, pero ¿en qué momento nos enseñan a pensar en nosotras?

Por tu sanidad mental, no tengas una última conversación para que las cosas terminen bien. Si la persona con quien te has relacionado es tóxica, esa instancia solo servirá para que te intente convencer de seguir con esa dinámica perversa. No lo hagas. Recuerda que es una persona abusiva y que, en general, sus súplicas serán convincentes. Eso es chantaje emocional. Por eso, NO TENGAS ESA CONVERSACIÓN.

REFLEXIONA

Con el tiempo te darás cuenta de que viviste situaciones abusivas que en ese momento no viste. Es común que personas que han pasado por esas experiencias las bloqueen, así que es normal que tomes conciencia de ellas después. Y sí, duele, pero también significa que se vinieron a tu mente porque eres capaz de trabajarlas y transformarlas en aprendizajes para una futura relación.

Lo más importante, querida amiga, es que no mantengas una relación tóxica por miedo a estar sola. Mereces un amor sano, un amor lindo, un amor puro, lleno de risas y alegrías; no uno que maltrata y golpea, o que duela y humille. Eso NO ES AMOR.

Aléjate de tu abusador y denuncia ⚠

¿Cómo buscar relaciones más verdaderas?

Todo depende de una. ¿Cuánto te quieres en este momento? Si no has logrado tener una relación verdadera contigo misma, no trates de buscar amor en otra persona. Por más «bueno» que sea el otro, si tú no estás en una relación de amor contigo, poner a alguien en tu vida solo generará problemas.

Pero si crees que has trabajado para tener una relación real contigo misma, con amor y aceptación, entonces te voy a aconsejar algo: **sé egoísta, es decir, piensa en ti misma primero.**

Quiero que entiendas que el egoísmo del que hablo se trata de pensar en tu propio bienestar, de entregar lo que quieres porque quieres y puedes, ni más ni menos; solo lo que te haga bien a ti. Te aconsejo hacer una lista de lo que buscas en una relación de pareja. Fijémonos en lo que queremos y seamos conscientes de eso, porque cuando comenzamos a buscar las cosas que necesitamos en una relación, nos darán ganas de entregarnos a ella con todo.

Ser egoísta es darte la importancia que mereces ♡

TIPS PARA UNA PRIMERA CITA

Creo que la mejor manera de tener una cita es pensar que se trata de una cita contigo. Empieza preguntándote qué es lo que quieres sentir, al igual como lo hicimos al comienzo de este libro.

Por ejemplo, si yo tengo una cita, sé que quiero sentirme bonita, pero bonita para mí. Y así me entretengo arreglándome para sacar mi mejor versión, pero no desde la inseguridad, sino desde la idea de que debo regalonearme y pasarlo bien solita primero.

Por eso te aconsejo pensar que es una cita contigo, así que arréglate si te hace feliz. También puedes estar relajada, sin maquillaje y con tu ropa más cómoda. Haz lo que te haga sentir mejor. Sé que es obvio decirlo, pero tal vez sea necesario:

Sé tú

Uno de los errores más comunes que una comete en las primeras citas es mostrarse como otra persona, queriendo aparentar que una es FANTÁSTICA, INCREÍBLE, MARAVILLOSA, EXPERTA EN COCINA, HISTORIA, POLÍTICA, FOTOGRAFÍA, DEPORTE y un largo etcétera, pero no, no necesitas nada de eso.

En las primeras citas que tuve después de mi relación con F, actuaba tal como lo describí. Trataba de demostrarle a la otra persona que era una pretendiente que no se podía perder, como si fuera una oferta relámpago de un súper producto. Así fue como fracasé en muchas citas y al mismo tiempo rompí muchos corazones, porque luego quedaban enamorados de algo que no existía, que yo no era. Solo era un corazón roto, sin amor propio, lleno de inseguridades. Además, la verdad, yo no quería nada con ellos.

En la primera cita con B, mi primera relación verdadera después de F, comí todo lo que quería comer. Le dije «Pidamos muchas cosas porque soy una mujer hambrienta». En otro momento de mi vida, con mis inseguridades a flor de piel, jamás habría dicho eso y hubiera comido muy poquito. En cuanto se lo dije, me relajé, porque esa era yo. Y sigo siendo así. Cuando ponemos las cartas sobre la mesa, demostramos que nos conocemos y nos aceptamos lo suficiente para hacerlo. Y si tu forma de ser al otro no le parece atractiva, adiós: *thank you, next.*

HUYE DE LAS SUPOSICIONES

Tenemos el triste hábito de suponer cosas antes de que pasen. Las citas no escapan a este mal, porque empezamos a asumir aspectos del otro demasiado rápido y no le damos la oportunidad de mostrarse tal como es, y al revés también. Vemos los perfiles de la otra persona en redes sociales para investigar sus gustos, cómo era su ex, cuáles son sus pasatiempos; tratamos de juntar toda la información que nos permita saber si somos compatibles o no. Pero lo mejor es dejar que todo fluya, de verdad. Si es la persona para ti, todo resultará y te darás cuenta de que no tienes que forzar nada. Es más, quizá las cosas se den fácilmente y la relación será increíble y te encantará. Pero si te estás dando cuenta de que no hay mucho interés por parte de la otra persona, no sigas insistiendo. ¡AMOR PROPIO SIEMPRE! Sé que muchas veces tendemos a creer que esa persona es la perfecta para nosotras y forzamos la situación para que así lo sea, pero la vida es sabia, por lo tanto, no pierdas tu tiempo, dile a tu mente *thank you, next* y que venga el siguiente y el correcto. No caigas en los errores de siempre, por favor. ¡Eres mucho más que eso!, y ser sincera con el otro es muy valorable.

La sinceridad ante todo en la vida.

No digo que debes contar toda tu vida en la primera cita, sino que expreses lo que de verdad te importa y que estés atenta para escuchar lo que el otro quiera decir.

Observa cómo fluye la conversación, porque si no hay diálogo, lo siento, pero será muy difícil que tengan éxito como pareja, ya que más adelante te darás cuenta de que la superación de un conflicto se da a través de la conversación y de la capacidad de escuchar y asimilar lo que dice el otro. Sentir que te escuchan y comprenden hará que la relación avance.

Consejo importante: ¡no hablar de los ex, por favor!

Si ese tema no deja de surgir en la conversación, tal vez no sea el mejor momento para buscar otra relación que no sea contigo misma.

Si vas a una cita, es para que te sientas plena, con ganas y ánimo de conocer a alguien. Si las cosas no van bien y cuando llegas a la casa te das cuenta de que no se volverán a ver, aprende de esa experiencia. Lo peor que puedes hacer es ir a una cita con una energía negativa, victimizándote y buscando en el otro el amor que no puedes darte a ti misma.

No creo que un clavo saque otro clavo. Antes de volver a salir, hay que poder estar sola y reflexionar, de modo que una nueva cita sea por las ganas de conocer a alguien y no para olvidar al ex.

CUATRO SEÑALES PARA RECONOCER SI TERMINARÁS TU RELACIÓN

El psicólogo estadounidense John Gottman ha dedicado su carrera a investigar la convivencia en pareja. Según un artículo publicado por el sitio web de la cadena BBC, Gottman puede predecir con un 90 por ciento de precisión si una pareja terminará. Suena loco, ¿no? Ha estudiado por décadas a miles de parejas, llegando a la conclusión de que hay cuatro señales clave que pueden indicar que se acerca el «hasta nunca» en una relación. Aquí te las comparto:

Críticas. Un poco obvio: nada de la otra persona nos va a parecer y la crítica será nuestra mejor amiga.

Actitud defensiva. En la relación ninguno da el brazo a torcer, ambos tienen actitud de sabelotodo y no se produce el espacio de opinión.

Actitud evasiva. No nos importa lo que el otro tenga que decir. Esta actitud genera distanciamiento.

Desprecio. Uff, qué dolorosa palabra, ¿cierto? Ambas partes sienten que tienen la razón, sobre todo, y esto es expresado por medio de descalificaciones que también pueden desembocar en maltrato.

¿Por qué quieres estar con alguien que no quiere estar contigo?

Sexo: por nuestra liberación

¿Nos sigue dando pudor hablar de sexo? A mí, la verdad, me encanta cada día más. Hace unos años estaba aterrada cuando alguien mencionaba este tema, por lo que trataba de evitar cualquier tipo de conversación que tuviera relación con el sexo y mi cuerpo, no solo porque creía que era «anorgásmica», sino porque no sabía dialogar, algo muy importante en la intimidad.

Recuerdo mis comienzos: cuando sentía mariposas en el estómago después de que el niño que me gustaba en el jardín infantil me diera un beso en la mejilla. O más grande, toda la emoción que sentía cuando el que encontraba atractivo me daba un beso y después le daba uno a otra compañera en el juego de la botellita, mientras nos escondíamos de nuestros papás o cualquier adulto que nos pudiera ver. Esas experiencias eran tan nuevas y excitantes… Al final, explorar tu sexualidad siempre ha sido una prohibición. Seguro recuerdas cuando había escenas sexuales en las películas y tus papás te cubrían los ojos y los oídos para no contaminarte con ese contenido pecaminoso.

A medida que vas creciendo, te vas dando cuenta de que este tema te empieza a interesar y comienzas a investigar por tus propios medios. Pero como mujer no te dejan sentir la libertad de tu cuerpo y te encapsulan dentro del capullo de una mariposa para que nunca puedas volar y explorar la sexualidad libremente. ¿Por qué? Porque es «mal visto» que una mujer lo haga. Tus padres te enseñan desde pequeña a cuidar tus «partes íntimas», lo que está muy bien, pero ¿por qué no las llamamos por su nombre? Si estás leyendo esto y eres madre, te invito a que lo entiendas y lo pongas en práctica: nuestras «partes íntimas» se llaman PECHOS Y VAGINA.

Como te decía, está excelente que nos enseñen a cuidar esas zonas tan importantes de nuestro cuerpo, pero ¿en qué momento nos enseñan el placer que traen consigo? ¿Quién nos enseña sobre la masturbación, el clítoris, el punto G? ¿Se supone que debemos descubrirlo por nuestra cuenta? Tipo «Buena suerte. Chao». Con razón una después cree que es anorgásmica, porque nadie te explicó nada al respecto. Esto no puede seguir así. ¿Por qué nuestros padres nunca se atrevieron a hablar de estos temas con nosotras? Cuando mi mamá lea esto, seguro que se va a espantar.

No le echo la culpa a ella, porque fue criada así, dentro de una familia tradicional y religiosa, en espacios en los que el sexo era considerado casi un pecado.

Con mi papá nunca tuve una relación cercana, por lo que tampoco me hubiera atrevido a tener este tipo de conversaciones. Las pocas veces que lo vi (hasta los trece años), nunca me dio el espacio para hablar de estos temas.

Con mi padrastro, Toni, menos me hubiera puesto a hablar de sexo (porque siempre me dijo que tenía prohibido tener pareja).

Así se van agotando las personas de confianza con las que puedes hablar de estas cosas, por lo que no te queda otra que averiguar por tu cuenta en internet o con amistades más experimentadas. Si mal no lo recuerdo, yo empecé a mostrar interés por el tema a los diez años, por lo que mi círculo social era igual o más inexperto que yo.

La educación en los colegios tampoco juega mucho a nuestro favor, porque enseña lo básico. ¿Será necesario mostrar la película de la cigüeña?, porque —sin ánimos de caricaturizar— esa fue la explicación que nos dieron a nosotros sobre cómo vienen los niños al mundo. Es un tema súper importante para conversar. Espero que las mamás y los papás de nuestra generación les den una mejor respuesta a sus hijas e hijos sobre la reproducción.

En Biología, la sexualidad siempre fue mi unidad favorita, porque a todos nos daba pudor y vergüenza. En la sala de clases abundaban las risitas nerviosas y las bromas no tan inocentes. Recuerdo haber visto solo tres videos en esa clase:

1. En el que te muestran los cuerpos de los niños desnudos identificando cada una de sus partes reproductivas.

2. El video donde sale un niño como de once años que comienza a tener sus primeras erecciones por la noche durante el sueño.

3. En el que a una niña le llega la menstruación por primera vez.

Todo este material con ayuda de dibujos animados.

- ¿Dónde está el video en el que la mujer también se excita y se moja?

- ¿Dónde está el video en el que la mujer se masturba?

- ¿Acaso solo es normal que el hombre experimente esas sensaciones?

Y así faltaron muchas otras explicaciones e información acerca del sexo.

Como no encontré respuesta a ninguna de mis preguntas en el colegio ni en mis padres, hice un gran amigo en el camino. ¡Sí, y es un amigo que conservo hasta el día de hoy! Se llama **porno**. Imagino que también es amigo de varios y varias. La verdad, es triste tener que llegar a ver a personas desconocidas en una pantalla para «intentar aprender sobre el sexo y el placer», ya que lo que estás viendo es solo ficción y por lo general gritos, mujeres sumisas: todo lo que no debería llamarse «hacer el amor», pero al menos me sirvió para entender qué es un orgasmo y cómo todas lo vivimos de manera distinta.

Aprovecho de dejar algo bien claro: el porno no está hecho solo para el consumo de los hombres, por lo tanto, deja ese tabú de que tú, mujer, no puedes disfrutarlo porque está mal visto. **Las mujeres también somos calientes**, amiga mía, y no es nada malo decirlo.

Masturbarte es hacerle el amor a la persona que tú más amas en la vida: a ti misma.

Comencé a ver porno súper chica para investigar y, de paso, explorar mi sexualidad. Tuve mis primeros orgasmos sin la necesidad de que otra persona interviniera, entonces, créeme que me intrigaba mucho cómo sería el día que tuviera sexo con alguien. Yo suponía que sería muuucho mejor que hacerlo conmigo misma. Esa idea se derrumbó cuando perdí mi virginidad, porque no sentí NADA. Era mucho mejor cuando lo hacía yo sola. Quizá la otra persona no sabía mucho, o era un hombre machista preocupado solo de su satisfacción personal, pero ni siquiera se preocupó de si yo había tenido un orgasmo o no. Asumámoslo: para nosotras, fingir un orgasmo es algo súper fácil. Como tenía quince años, no me atrevía a pedir lo que sí me gustaba, porque en mi cabeza tenía metido el puto pensamiento de que una tenía que ser la sumisa y hacer feliz al hombre diciéndole que te estaba encantando el momento. ¡Pero me cargaba! No era algo placentero para mí, no quería hacerlo más.

¡¿Por qué no nos enseñaron antes sobre esto?! Imagínate la cantidad de mujeres que aún no exploran su sexualidad por vergüenza. Espero que tú no seas una de ellas, pero si es así, este es el momento para comenzar a experimentar.

Me acuerdo de que mis amigas me decían que lo pasaban increíble en el sexo, que era algo que les encantaba, mientras que a mí no se me movía ninguna hormona. ¡Qué triste! Menos mal me di cuenta a tiempo.

Luego de esos tres años de relación tormentosa (de la que ya les conté), me dediqué a conectarme mucho más con mi intimidad. Mentirte y quitarte placer para hacer feliz al otro también es hacerte daño, así que no solo fue un trabajo de amor propio y autoestima, también fue uno de reconexión con mi sexualidad para volver a creer en mí, pero en la cama y con otra persona. Eso sí que puede dar miedo.

En mis momentos de soltería, a mi amistad con el porno se suman los buenos y queridos amigos llamados juguetes sexuales (no sé qué pensará mi mamá cuando lea todo este capítulo, pero te quiero, mamá, jajajá). Comencé a atreverme a ir a los sexshops y me encantaron de inmediato. Hay cada cosa... disfraces, lubricantes, geles excitantes, etcétera. Es un buen paso abrirse a todo este tipo de cosas y así poder saber qué es lo que nos gusta y qué no. Ese es un buen punto: ¿te has preguntado qué es lo que te gusta?, ¿qué te excita? ¿Lo hablas con tu pareja? Si no tienes pareja, ¿te atreves a explorar tú sola?

Desde que no me avergüenzo de mi cuerpo y mi sexualidad, créeme que me ha resultado mucho más fácil expresarme en una relación de pareja. Queramos o no, el sexo es muy importante, y si el sexo con tu pareja es malo y no lo han tratado de solucionar, es bien probable que uno de los dos comience a mirar para el lado —si es que mantienen una relación monógama—, ya que lo que tienen en casa no les provoca nada. No queremos llegar a eso, ¿cierto? Pero si también estás pensando en que te gustaría probar cosas nuevas con esa persona para poder mejorar la relación, ¿por qué no hacerlo? La mujer también puede tomar la iniciativa, no es una tarea solo de los hombres. ¡Recuerda que las relaciones son de a dos! Y, al mismo tiempo, si te das cuenta de que con frecuencia piensas en que te gustaría tener sexo con otra persona, amiga mía, quizá también es un buen momento para terminar esa relación. No te quiero asustar, pero si tu pareja no te excita, es un serio problema, ya que no puedes pasarte toda una vida mintiéndote/le.

Quise investigar más sobre todo lo que me ocurría y ocurrió alguna vez, responder algunas de las preguntas que me hubiera encantado hacerle a mi madre o hermana. Por eso decidí sumar en este libro a alguien que pudiera despejar todas esas dudas desde su experiencia profesional, y a la vez que nos diera consejos que podamos aplicar en nuestra vida sexual para vivirla con libertad y sin tapujos.

Hablemos de sexo

Tuve una larga conversación con Nicole Cafatti (@nico-lecafatti), psicóloga de la Universidad de Los Andes, que se especializó en sexualidad. Nicole tiene treintaiún años. Tuvimos una conexión inmediata cuando conversamos —nos reímos mucho de las experiencias de ambas, sobre todo de las mías y de mi ignorancia respecto a muchísimos temas que quizá tú también desconoces—. Le fui súper sincera: jamás creí que algún día estaría hablando con alguien sobre sexo, sobre mis miedos e inseguridades en la cama. Estos temas siempre dan mucho pudor, porque es nuestra intimidad, pero cuando los hablas con alguien como Nicole, para quien por su trabajo es pan de cada día, te sientes muy cómoda. A continuación, te comparto algunos de los temas sobre los que conversamos. Espero que nos sirvan para que abramos nuestras mentes y que cada día normalicemos más la liberación sexual femenina.

La vulva

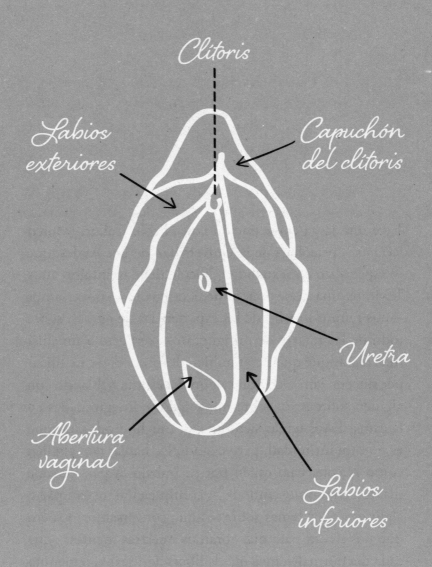

Clitoris

Labios exteriores

Capuchón del clitoris

Uretra

Abertura vaginal

Labios inferiores

LAS PREGUNTAS DE SEXUALIDAD QUE
—QUIZÁ— SIEMPRE TE HICISTE

POR NICOLE CAFATTI

¿CÓMO SABER SI ERES ANORGÁSMICA?

Lo primero y más relevante es entender que la anorgasmia es un término médico utilizado para definir la dificultad y/o incapacidad para alcanzar el orgasmo. Pero no es una sentencia, por lo que me encantaría comenzar explicando que todas las mujeres presentan la posibilidad de tener orgasmos, por lo tanto, ninguna está destinada a ser anorgásmica. Para mí, la mayoría de las mujeres no son anorgásmicas. Lo que ocurre es que no se saben tocar. El problema real es una falla en relación a la estimulación y autopercepción sexual. Entonces, es muy esperable que, si no sabes cómo o dónde tocarte, no puedas alcanzar a percibir el *peak* en la estimulación. ¿Qué significa todo esto? Que los orgasmos tienen diferentes intensidades, por lo tanto, la estimulación necesaria para provocar uno también puede variar. Los orgasmos son diferentes incluso en una misma persona, es poco probable experimentar el mismo tipo de orgasmo siempre. Es muy común escuchar a las personas decir «Si no sabes si has tenido un orgasmo, entonces nunca lo has tenido», pero la verdad es que esa frase está errada. Suele ocurrir que a nivel corporal las mujeres pueden tener respuestas sexuales orgásmicas, pero el problema es que no son capaces de identificarlas. Muchas veces debido a que pueden ser orgasmos de baja intensidad, o a que tienden a crear ideas desproporcionadas de lo que deberían sentir.

Los orgasmos son, en realidad, respuestas reflejas, y son involuntarios como todos los reflejos que ocurren luego de una estimulación determinada. Independientemente de la forma en la que se genere dicha estimulación, el orgasmo consiste en la aparición de diversas respuestas físicas, pero la más representativa es la existencia de contracciones rítmicas reflejas a intervalos de 0,8 segundos de los músculos circunvaginales y del perineo, así como de los tejidos dilatados de la «plataforma orgásmica». Estas características son IDÉNTICAS en todas las mujeres al momento de entrar en la fase del orgasmo de la respuesta sexual humana. Algunas pueden presentar, además, una sensación de placer físico intenso y una liberación de tensión, pero la forma en la que se reportan sentimientos no es más que una percepción subjetiva de placer, por lo que varía entre mujeres e incluso en la misma mujer. Todas tenemos la posibilidad de lograr estas respuestas si nos estimulamos adecuadamente y aprendemos a reconocer las sensaciones a nivel corporal. En mi consulta me gusta que mis pacientes puedan verlo de esta manera, ya que así no se patologizan. Es impresionante cómo cambia la predisposición de las personas cuando saben que no están enfermas y que su problema responde a que no han logrado estimularse correctamente.

Existen muchas razones por las cuales podemos bloquear nuestra respuesta orgásmica. Tanto factores físicos como psicológicos pueden influir en nosotras y generar dificultad al momento de conseguir este tipo de placer sexual. Los orgasmos son reacciones muy complejas, que el uso de determinados medicamentos o la existencia de enfermedades como una lesión medular, diabetes, hipotiroidismo, entre otras, pueden impedirnos alcanzarlos. Son muchos los factores físicos que pueden despertar dificultades al momento de conseguir orgasmos, es por eso que es muy relevante el trabajo de un equipo multidisciplinario cuando tratamos pacientes.

No solo nuestra mente puede estar generándonos un bloqueo. Una vez descartados los temas físicos (o posibles enfermedades), hablamos de un bloqueo que es provocado por factores psicológicos. En relación a esto, yo he visto que suelen ocurrir tres problemas principales: uno es la falta de autoconocimiento, que lleva a las personas a presentar una dificultad para reconocer lo que necesitan para experimentar placer; otro se produciría cuando saben lo que necesitan, pero existe una tendencia a bloquear la percepción placentera del estímulo (suponiendo que es adecuado); también ocurre que podemos saber qué queremos y tenemos el estímulo adecuado, pero nos cuesta reconocer el placer que estamos viviendo a nivel corporal. En todos estos casos pueden existir temores, sentimientos de culpa, aprendizajes negativos asociados al placer, creencias limitantes, abusos, traumas, estrés, dinámicas de parejas disfuncionales, religiones con visiones restrictivas o culposas, etcétera, que mantienen los bloqueos. En terapia se trabaja con los pacientes y sus diálogos internos, que podrían bloquear el acceso al placer sexual. Es muy importante entender que cuando decidimos tener dinámicas sexuales (en pareja o de manera individual), la persona que interactúa en ese momento eres tú completa: toda tu historia se ve reflejada en ese momento de vulnerabilidad y es muy común responder defendiéndonos incluso frente a la posibilidad de sentir placer.

La falta de autoconocimiento se presenta —sobre todo en países como Chile— acompañada de una falta de acceso a la información adecuada. Existen muchos mitos y tabúes asociados a la sexualidad y pocos espacios para acceder a una educación adecuada. Por eso decidí crear mi cuenta Instagram, en la que hablo de estos temas, para aportar un poquito. Volviendo a lo anterior, las ideas erradas con relación a la masturbación femenina han hecho que muchas mujeres se distancien de su propio cuerpo. Una de las primeras tareas que les doy a mis pacientes en terapia es mirar sus genitales en un espejo, y muchas vuelven a la siguiente sesión comentando que nunca lo habían hecho. Entonces les pregunto: ¿cómo esperan obtener placer desde un lugar que no conocen? Es como querer que mi mano tome un vaso sin saber cómo luce uno. A esto hay que sumar el hecho de que muchas mujeres piensan que deben tener orgasmos solo con la penetración, y la verdad es que la gran mayoría necesita un grado de estimulación focalizada en su clítoris de manera directa o indirecta para alcanzar el clímax.

Son infinitas las formas en las que los cuerpos pueden ser estimulados para conseguir orgasmos. Hay mujeres que los consiguen al estimular sus pezones; otras, por ejemplo, solo con penetración anal. Hay todo tipo de dinámicas y maneras de explorar nuestra sexualidad. Lo que sí se puede decir es que los orgasmos son más intensos cuando combinamos estímulos: las combinaciones vagina-ano-clítoris o vagina-clítoris-pezones suelen generar orgasmos más intensos, pero todo va a depender de qué tanto estés dispuesta a vivir esa experiencia.

Lo que sí está claro es que para lograr un orgasmo tenemos que permitirnos soltar, dejar de lado el control y disfrutar lo que nuestro cuerpo nos haga sentir. Es justo en este punto en el que aparecen gran parte de los problemas psicológicos. Muchas veces lo más difícil es dejar de lado el control.

¿SON IMPORTANTES LAS FANTASÍAS SEXUALES?

Son tan importantes para nuestra vida sexual que cuando no están comienzan los problemas. Tener una vida sexual saludable implica tener fantasías sexuales. Dentro del mundo de la terapia sexual y los trastornos sexuales, algunos de los problemas (como, por ejemplo, tener poco deseo sexual) comienzan cuando nos cuesta tener fantasías. Las estadísticas muestran que más del 60 por ciento de las mujeres que reportan una dinámica sexual saludable evocan fantasías eróticas mientras tienen sexo. Lo que evidencia que debemos preocuparnos de potenciarlas y no limitarlas para tener una vida sexual sana. Vivimos en un mundo que se ha demorado en comprender esto y ha potenciado durante años (sobre todo en las mujeres) la idea de que frenar nuestras fantasías y temerles es mejor que aceptarlas y fortalecerlas. Debido a eso, es común escuchar a las personas más preocupadas que entusiasmadas por las fantasías que evocan, aumentando así la distancia hacia ellas.

En terapia es frecuente oír a las pacientes preguntarse si está bien o no fantasear con otra persona mientras tienen sexo con sus parejas, y yo siempre les contesto que dentro del amplio mundo de las fantasías la más común es hacerlo con alguien que no es tu pareja habitual, por lo tanto, no es bueno ni malo, sino que esperable. Las personas tienden a darles valoración ética a conceptos que no deben someterse a esto. A mi juicio, las fantasías entran en un espacio personal y por lo mismo este debería ser libre de juicios. Todas podemos evocar cuantas situaciones ficticias queramos. El gran dilema acá es: ¿qué tan cómodas nos sentimos con nosotras mismas al momento de hacerlo? Ese es uno de los problemas recurrentes en terapia. Las personas no se permiten fantasear y muchas veces ni siquiera se lo han planteado como una posibilidad. Gran parte de lo que hago en sesión con mis pacientes es ayudarles a potenciar sus fantasías o, como diría Esther Perel, su «inteligencia erótica». Esta talentosa terapeuta pone en la palestra la relevancia del mundo erótico para la sexualidad humana, y que debe ser entendido como un tipo de inteligencia, por lo tanto, se puede entrenar y aprender. Ese camino es el que yo sigo con mis pacientes y es el que todas deberíamos potenciar para acceder a una vida sexual satisfactoria.

Existen infinitas formas de potenciar las fantasías eróticas de cada una. Por eso les entrego a mis pacientes diferentes métodos para encontrarse con su propio mundo erótico sin tenerle miedo y sin pensar que hacen algo «malo» al acceder a este espacio que es tan gratificante. Todas sabemos que nuestra imaginación no tiene límites, pero lo que solo algunas saben es cómo permitirse un contacto de placer y goce al momento de acceder a nuestras creaciones, porque eso es un «entrenamiento».

Este aprendizaje se lleva a cabo en terapia, al pedirles a las pacientes que accedan a esa zona sin juicios y de manera paulatina. Se alienta a las pacientes a leer libros, escuchar audios o ver películas con contenido erótico, con la finalidad de que puedan familiarizarse con ese tipo de imágenes. Yo fomento la imaginación por medio de la lectura, ya que propicia que puedan crear ese tipo de imágenes de manera espontánea.

¿ES BUENO VER PORNO?

No me parece negativo tener acceso a imágenes con contenido sexual. Es más, creo que puede ser algo incluso provechoso para muchas personas. Sin embargo, el tema acá es justo ese: el contenido que ofrecen. El problema del porno no es verlo, el problema es que no nos han educado sobre cómo debe ser el consumo y, lo que es peor aún, nadie lo regula.

El mundo del porno es tan amplio que nos enfrentamos a un tipo de imágenes que se alejan de la realidad sexual cotidiana y nos acercan a una coitocéntrica, violenta, inmediata, carente de afectos y que fomenta prácticas sexuales nocivas como la pedofilia. Es ese tipo de contenido el que me parece inadecuado, sobre todo porque nadie explica las consecuencias de su consumo reiterado al momento de acceder a él. Me imagino que debido a la cantidad de dinero que mueve la industria del porno regularlo ha sido un tema que se ha dejado de lado, pero ese es otro asunto. Me gustaría plantear la siguiente pregunta: ¿por qué existe tanto contenido gratis online? Si la respuesta no va de la mano con una adicción, llamaría mucho mi atención.

Para mí la gran pregunta acá es: ¿por qué ha pasado esto? Es decir, ¿por qué el porno genera este tipo de contenido? Aunque no lo creas, la respuesta a esa pregunta es el problema real de este contenido.

No nos han educado en que el porno puede actuar en nosotros como una droga. La consecuencia de una estimulación continua de imágenes pornográficas en nuestro cerebro es una adicción, lo que lleva a sus usuarios recurrentes a «dormir» su respuesta natural frente a las dinámicas sexuales que acostumbran a tener, generándose la necesidad de acceder a imágenes cada vez más potentes para saciar su deseo de consumo. A mi juicio, esto ha hecho que la pornografía haya llegado a explorar y ofrecer conductas sexuales inimaginables. Lo que todo usuario debe entender es que la industria del porno busca lucrar con su consumo y, debido a eso, se va a dedicar a generar contenido que lo mantenga adicto para aumentar sus ventas. Por eso es relevante tener conocimiento sobre las consecuencias de su dependencia (que es bastante frecuente).

En la consulta he visto muchos de estos casos, con pacientes que pueden pasar días sin despegarse del computador. El trabajo terapéutico que se aplica es el mismo que para cualquier adicción. Debido al poco filtro que tiene internet para la reproducción de este contenido, los niños tienen acceso a muy temprana edad a imágenes pornográficas. Esta práctica tendrá un efecto futuro en sus cerebros, sus dinámicas sexuales y su calidad de vida.

El problema es que la sociedad hace como si no ocurriera nada al no regular su consumo. Es tan así que los únicos que están regulando el contenido son los usuarios que han decidido hacer algo diferente. Por ello es que nacen otras páginas que buscan fomentar conductas sexuales reales, en las que el afecto tiene un rol importante y presentan situaciones con vínculos sanos. Pero todavía es más difícil acceder a ese contenido que al porno nocivo, en el cual la mayoría tiene a lo menos una imagen de agresión, y quien es agredido responde de manera placentera a esta conducta. Me parece que puede ser perjudicial tener acceso libre a una droga que no es regulada por medio de la educación.

TIPS DE SEXUALIDAD

- Explora tu cuerpo, tócalo, apriétalo.
- Mira y conoce tu vulva.
- Atrévete a usar juguetes sexuales para divertirte sola.
- Conoce tus límites de placer.
- Mastúrbate.
- No hagas cosas que no deseas. NO ES NO.
- Lee un libro que pueda abrir tu fantasía sexual.
- Conoce las distintas maneras de llegar al orgasmo.

Menstruación

De niñas nos hicieron creer que la regla era un momento terrorífico, asqueroso, de vergüenza y pudor. Un espacio del mes en el que caíamos «enfermas». Nos enseñaron a esconderlo, a evitar el tema, a hablarlo en voz baja con las amigas y a que nunca estuvieran visibles las toallas higiénicas entre nuestras pertenencias. Nadie podía enterarse de que estábamos menstruando, nadie podía enterarse de que caía sangre con coágulos y raíces desde nuestro útero.

Hoy me da la impresión de que las nuevas generaciones tienen muchísimas ganas de hablar sobre estos temas sin pudor y creo que eso es lo que siempre ha correspondido.

A veces he hecho la prueba de intentar normalizar junto a mis familiares, amigos o conocidos el decir «estoy con la regla», ya sea en la mesa, en un bar, o en cualquier parte. Son interesantes las reacciones: hay personas a las que aún les incomoda el tema y harán como si no hubieses dicho nada; mujeres que te preguntarán si estás bien o necesitas algo en un gesto solidario, y hasta hombres que comentarán «qué asco…».

Recuerdo cuando tenía once años y le rezaba a la vida para que no me llegara la regla. Pedía que por favor se atrasara lo más posible, porque le tenía terror al simple hecho de saber que caería sangre de mi vagina. Creía que me dolería demasiado, que sería lo peor que me podría llegar a ocurrir. A algunas de mis compañeras ya les había llegado y ellas casi que eran las «raras» del curso, y a la vez a las que les querías preguntar qué se sentía. Es tan poca la información y educación que tenemos respecto a estos temas cuando somos niñas que no te quedaba otra que llenar de preguntas a las que ya estaban menstruando para prepararte para lo que se venía. Es un proceso parecido al de la primera relación sexual, con la misma falta de información y educación que nos lleva a basarnos en las historias que nos cuenta el resto.

En el colegio no existe una clase dedicada a la anatomía de nuestros genitales, en la que nos expliquen, por ejemplo, que se dice vulva y no vagina. Esta materia en biología está centrada en que cuando iniciamos el ciclo menstrual podemos reproducirnos, y no en todos los cambios que experimentamos como mujeres.

¿Qué es estar conectadas con nuestro ciclo? ¿Cómo podemos empoderarnos en tórno a nuestra propia menstruación? ¿Alguna vez te has dado el tiempo de escuchar tu cuerpo cuando está próximo a menstruar?

Hay muchas mujeres que hoy recién comienzan a aprender sobre sus propias menstruaciones: cómo se sienten durante ellas y de qué modo las viven. Yo soy una de esas. Durante mucho tiempo fui ignorante respecto al tema. Tampoco sabía escuchar mi cuerpo. Con suerte sabía cuáles eran mis días fértiles.

A los quince años empecé a tomar pastillas anticonceptivas y no las dejé por mucho tiempo. Por lo tanto, me olvidé por completo de los dolores menstruales, de las espinillas y de estar contando los días para que me llegara. Si tenía sexo con alguien en mis días fértiles, prácticamente daba lo mismo, ya que las pastillas me salvarían de un posible embarazo. Bueno, al menos la gran mayoría de las veces.

El momento que más odiaba de mi ciclo era cuando me llegaba la regla. Lo veía como una excusa para dejar de hacer muchas cosas, a pesar de que, gracias a las pastillas anticonceptivas, tenía un sangrado leve y me sentía con más energía que nunca. Suena como un panorama idílico para cualquier mujer, ¿no? Pero siempre hay un «pero»: llevaba OCHO AÑOS tomando pastillas. *Stop!*, ¿ocho años? *Fuck.* ¿En qué momento pasó el tiempo tan rápido? ¿Cómo habían pasado ocho años y yo aún no me conocía del todo?

Desde el momento en que empecé mi viaje de empoderamiento para ser una mujer power, me impresionó no saber cómo funcionaba mi cuerpo sin pastillas. Al final, se había convertido en una rutina y no sabía cuál era el curso natural de mi ciclo, que es como un renacer cada mes, cuando la sangre cae desde nuestro útero. Por lo tanto, decidí dejar las pastillas ya que no tenía un problema médico que me obligara a seguir tomándolas. Una de las cosas que descubrí es que cuando las tomaba perdía la libido.

LIBIDO:

Deseo de placer, en especial del sexual

Prácticamente había perdido el deseo sexual en la edad en la que debería ser todo lo contrario. Con las pastillas también sufría de migrañas terribles. Por lo menos tenía ocho al mes, lo que en un momento me dio mucho miedo porque no me parecía normal. Todos estos antecedentes hicieron que dejara las anticonceptivas. Me propuse probar al menos tres meses y luego ver qué pasaba. Me daba miedo estar sin ningún método anticonceptivo, pero quería liberar mi cuerpo por un tiempo. ¡Necesitaba regalarle esa oportunidad y ver cómo se sentía!

Esperé a que se me terminara la regla y *bye, bye* pastillas. Creí que notaría cambios drásticos los primeros días, pero no fue así.

El primer mes fue como si las hubiera seguido tomando, solo se me retrasó unos días el ciclo, pero después todo fue normal. También me duró unos dos días más de lo habitual. El segundo mes fue igual. Parecía que todo iba en marcha, no notaba ninguna diferencia. PEEERO al tercer mes... todo cambió. Por primera vez en ocho años mi cuerpo me daba una señal distinta: sentía cómo mi útero se preparaba antes de que me llegara la regla. La sensación era una mezcla entre hinchazón y malestar en la zona baja del estómago. Quizá más de alguna lo siente siempre, pero para mí era algo nuevo, y ¡me pareció maravilloso! Luego me llegó y sí, me vino con dolores. Tenía esperanza de evitarlo, pero en la vida no siempre se gana, jajajá. Por primera vez me puse un guatero y tomé antiinflamatorios para aliviar mis malestares. Al cuarto mes me llené de espinillas. Volví a esa etapa de la pubertad que jamás viví.

¿Una ventaja? Mi libido revivió. Volví a disfrutar de mi sexualidad. ¡Ojo!, siempre cuidándome. Si dejamos las pastillas, debemos ser más cuidadosas con nuestros días fértiles en caso de que no estemos buscando embarazarnos. Lo mejor es que aprendí a conocerme en ese aspecto y me sentí libre de tomar decisiones respecto a mi cuerpo. Algo que tú también puedes hacer con el tuyo.

«Las mujeres tenemos el derecho a conocer y manejar nuestros cuerpos higiénicamente y con dignidad. La menstruación es un proceso natural y vital que no debiera causar vergüenza, miedos, burlas o desinformación.»

FUNDACIÓN MUJER MUNDO

¿Qué es lo que queremos realmente?

Reflexiones sobre maternidad y aborto

Tengo la impresión de que a la mayoría de nosotras nos educaron con un ideal de mujer que fuera callada, de buenos modales, que cocinara y buscara al príncipe azul. Ahora más que nunca me cuestiono todos esos estereotipos que escuché cuando chica, y tengo muchas preguntas que me gustaría responder.

Cuando crecemos, nos enseñan que debemos formar una familia casi como una imposición. El significado de familia es amplio, pero sin duda el modelo que la sociedad cree que le corresponde a la mujer es el de una familia nuclear: mamá (tú), papá e hijos. Sí, hijos, como si las mujeres fuéramos una fábrica de reproducción y ese fuera nuestro único propósito en la Tierra. ¿Alguien nos ha preguntado si esto es lo que queremos? O más importante: ¿nos hemos hecho esa pregunta a nosotras mismas?

A los dieciséis años le decía a todo el mundo que me quería casar y que quería ser mamá joven, ojalá a los veintidós, para que cuando yo cumpliera cuarenta mi hijo (que se llamaría Milan) tuviera dieciocho. Así habría gastado toda la energía de mi juventud en criarlo. Además, fantaseaba con tener un niño y una niña, y de preferencia que el niño fuera el mayor para que cuidara a su hermana. Suena loco, quizá dirás «¿Por qué quería tener hijos tan chica?». La verdad es que ni yo lo sé. No critico a quienes son mamás jóvenes por las razones que sean. Hay que respetar todas las decisiones y circunstancias de las personas, sin distinción. A la Belén de hoy, de veintitrés años y quien escribe esto, ya no le parece tan buena la idea de ser mamá pronto; esta es una muestra de que las convicciones y pensamientos van cambiando a medida que crecemos.

La maternidad no está en mis planes ahora, pero no por el hecho de ser joven y de que me queden muchas cosas por vivir y blablablá, sino porque me di cuenta de que tengo la posibilidad de elegir si quiero ser madre o no. Crecemos mentalizadas con que es una imposición de la sociedad y que, casi por obra de la naturaleza, sucederá sí o sí. Pero se nos olvida que también podemos no serlo si es que no queremos. Si alguien te dijo que eso está mal, ¡no es así! Las decisiones sobre lo que haces o no con tu cuerpo solo dependen de ti.

No me imagino con un hijo en este momento. Algún día sí quiero ser mamá, pero aún no es el tiempo. Y es válido, así como que mañana o en un par de meses cambie de opinión, aunque no me parece que sea una decisión que se deba tomar de forma impulsiva, y que tampoco es vinculante con el matrimonio. Típico que a los recién casados les preguntan «Y los hijos… ¿para cuándo?», o a las mujeres que ya bordean los treinta años. Que nadie se meta en las decisiones de tu vida, y mucho menos en las de tu cuerpo.

Cuando mujeres cercanas a mí se han enterado de que están embarazadas, he visto las dos reacciones: era lo que más deseaban en ese momento o, por el contrario, lo que menos deseaban y estarían dispuestas a considerar un aborto. Sé que este tipo de planteamientos y reflexiones son súper difíciles y que no es lo mismo tener una posición en una situación hipotética que en una real.

Imagino que varias de las que están leyendo esto más de alguna vez han pasado por el «miedo» de pensar que están embarazadas. Debo decir que me parece el peor miedo si es que es una situación que no tienes prevista. Vives la incertidumbre desde que se atrasa tu regla, pasando por la ida a la farmacia en busca del test hasta el momento en que tienes el resultado. Las veces que he creído que podría estar embarazada siempre fue mientras usaba métodos anticonceptivos. He sentido miedo y terror porque no me siento preparada para traer un niño al mundo en este momento, y eso nadie lo puede cambiar, solo yo.

Cuando el test sale negativo, el miedo y la angustia desaparecen como por arte de magia. Tu estómago se suelta y puedes seguir viviendo tu vida con «normalidad», pero aun así te quedan dando vueltas en la mente las preguntas que te hiciste mientras esperabas el resultado de la prueba de embarazo: «¿Qué habría hecho si hubiera dado positivo?», «¿estoy preparada para traer un ser humano al mundo?». Difícil, ¿cierto?, pero nunca está de más reflexionar al respecto.

Es importante saber qué es lo que quieres, porque es TU cuerpo, y TÚ puedes y debes decidir por él, nadie más.

SI HOY
TU DECISIÓN
ES TRAER UN HIJO
AL MUNDO,
¡TE APLAUDO!

SI HOY
TU DECISIÓN
ES NO TRAER UN
HIJO AL MUNDO,
¡TAMBIÉN TE APLAUDO!

Cuando vives la situación de un embarazo no deseado, tal vez una de las primeras opciones que se te vendrán a la mente será abortar, si estás a favor de esta práctica, claro.

Un aborto también puede asustar, ya que no es un procedimiento fácil y puede tener varias consecuencias, tanto físicas como psicológicas, sobre todo si lo realizas en países donde no es legal, como Chile. ¿Por qué no hay una forma más segura para las mujeres? Por favor, que esto no se entienda como que veo el aborto como una especie de pasatiempo que practiquemos cada vez que nos embaracemos. Porque, hablando claro, abortar es muy peligroso si no tienes los medios económicos y los contactos necesarios para llevar a cabo una intervención segura. ¿Qué pasa con las mujeres que no cuentan con esos recursos? Algunas mueren en lugares de abortos clandestinos y otras, que prefieren no arriesgarse, quizá se ven condenadas a criar un hijo para el cual no estaban preparadas. Por eso el feminismo lucha para que el aborto sea legal y seguro. Es importante CUIDARNOS y educar sobre estos temas para poder prevenir embarazos y enfermedades de transmisión sexual por no haber tomado las precauciones necesarias.

PLAYLIST DE CANCIONES DE MUJERES POWER PARA CANTAR, BAILAR Y GRITAR

- «Run the world» – Beyoncé
- «God is a woman» – Ariana Grande
- «Antipatriarca» – Ana Tijoux
- «Ella» – Bebe
- «De mis pasos» – Julieta Venegas
- «Beautiful» – Christina Aguilera
- «Girl on fire» – Alicia Keys
- «Not your Barbie girl» – Ava Max
- «Teenage fantasy» – Jorja Smith
- «Insulto» – Francisca Valenzuela
- «Ni un fruto» – Denise Rosenthal
- «You don't own me» – Say Grace
- «Postureo» – Beatriz Luengo
- «Gitanas» – Mala Rodríguez
- «Man! I feel like a woman» – Shania Twain

LISTA
DE
RETOS

ADEMÁS DE LOS EJERCICIOS QUE TE
HE PROPUESTO EN ESTE LIBRO, ME GUSTARÍA
INVITARTE A REALIZAR ALGUNOS RETOS.
¿TE ANIMAS?

- Admira a otras mujeres y síguelas en redes sociales.
- Comenta algo lindo en la foto de otra mujer.
- Pasa una semana sin reclamar.
- Dúchate con agua fría durante quince días (no lo hagas en invierno, por favor).
- Sube una foto en la que sientas que te ves INCREÍBLE.
- Lee un libro distinto al género al que estás acostumbrada.
- Llama por teléfono a alguien de tu familia con quien hace tiempo no conversas. Hazle saber que lo o la quieres.
- Elogia a una mujer que no conozcas. El elogio debe ser sincero.
- Cuenta cuántos abrazos das por día e intenta que sean más de cinco.
- Pasa una semana sin comer carne.
- Haz una playlist de canciones que te gusten y que sean bailables. Baila sola. ¡Diviértete contigo!
- Ve una película que te encantaba cuando eras chica (prepara unas cabritas para acompañar).
- Di «no» a las cosas que no te interesan o no quieres hacer.
- Deja de seguir a las personas que no te suman.
- Cómprate algo lindo, TE LO MERECES.
- Termina tu día agradeciendo las cosas lindas que te ocurrieron.
- Empieza a pensar positivo.

Tú tienes
el poder de
cambiar el
futuro y
convertirte
en la mujer
que quieres
ser

Carta final.
Self love

Me encantaría que este libro tuviera miles de páginas más para poder seguir hablando sobre nuestro empoderamiento y viaje hacia el amor propio. Si te das cuenta, sentirse empoderada no es algo fácil ni te dará resultados mañana mismo. Espero de corazón que esta guía te sirva muchísimo. Si es necesario que la leas más de una vez y rehagas los ejercicios, ¡hazlo! Es parte de nuestro viaje.

Lo más importante es volver a conocernos, crear hábitos que nos hagan darnos cuenta del valor que tenemos; el valor de nuestro tiempo, nuestros sacrificios, nuestro cuerpo, el amor que entregamos. ¡Todo! TÚ VALES, ¡y mucho!

El amor propio, querida amiga, no es una moda, no es algo pasajero. Al contrario, es una serie de hábitos que debes seguir en cada una de las decisiones que tomes de ahora en adelante por el resto de tu vida. Y hoy más que nunca, porque es el momento indicado para comenzar a hacer esos cambios que tanto quieres. El amor propio tampoco se trata de cómo te sientes externamente, sino de trabajar cada uno de los distintos aspectos de tu vida que determinan tu forma de pensar y actuar. Por eso, regálate el tiempo para indagar en tus sueños, en tu sexualidad, en tu cuerpo, en lo que quieres en una relación y en tus amistades, en el éxito, en cómo proyectas lo que comes, lo que vistes, ¡todo! Todo influye.

El amor propio, amiga, no significa que debe gustarte todo de ti. Eso es lo primero que debemos sacar de nuestra mente. Hay que aceptar que habrá días en los que nos gustemos más que otros, días en los que tendremos sueños y metas, y otros en que no querremos hacer nada. Lo importante es tenerlo claro, aceptarlo y saber que el amor propio significa poder revalorar lo que tenemos y saber que ¡también está bien no estar bien!

Siempre habrá cosas que no te gustarán de ti, no solo físicas, también de tu personalidad, y eso no quiere decir que no puedas mejorarlas. Amarte y aceptarte es lo opuesto a dejarte estar y maltratarte; es seguir construyendo una relación amorosa contigo misma.

Los cambios dependen de ti, de nadie más. Sé que lo he repetido muchas veces, pero prefiero decirlo de nuevo: si quieres algo, ¡ve por ello! Búscalo, esfuérzate, llora, fracasa, vuelve a levantarte, pero hazlo, ¡inténtalo! Nadie vendrá a levantarte de la cama y a decirte que hoy es tu día. Tú eres quien decide que este es el día para hacer cambios. Como dice mi amiga Michelle Poler:

¿Qué es lo mejor que te puede pasar?

BUSCA TU AUTENTICIDAD
SIN COMPARACIONES.
SÉ TRANSPARENTE FRENTE A LA VIDA
Y LO QUE QUIERES LOGRAR.
¡TEN HAMBRE DE VIVIR E IR POR MÁS!
NO LE TENGAS MIEDO AL FRACASO
Y ACEPTA TUS SUEÑOS.
TEN CORAJE, LO VAS A NECESITAR.
ÁMATE LIBREMENTE, SÉ VULNERABLE,
SIN PUDOR NI VERGÜENZA.
ABRÁZATE, TÓCATE, SONRÍETE.
Y LO MÁS IMPORTANTE:

Confía en ti.

CON AMOR,

Belén Soto

Contágiate de mujeres power

*

Como has leído en este libro, uno de mis descubrimientos dentro de mi viaje de amor propio fue darme cuenta de que tenía la posibilidad de admirar a otras mujeres: sí, ¡podemos admirar a nuestro propio género!

Por eso, con mucho amor invité a algunas mujeres power e inspiradoras a que tuvieran un espacio en estas páginas, porque, de una u otra forma, me enseñaron a convertirme en mi mejor versión. Ellas escribieron una carta para ti, para tu viaje de empoderamiento, y espero de corazón que te sirva para que te des cuenta de que no importa tu edad, o el momento de la vida en el que te encuentres ahora, sino las ganas de querer salir adelante, de hacer tus sueños realidad y, sobre todo, ¡de ser la dueña de tu vida!

¡Te invito a leerlas!

Michelle Poler

AUTORA DE *Hello, fears*

Mi nombre es Michelle Poler. Mis papás me llamaron Michelle porque nadie en mi familia tenía ese nombre. Querían que fuese un ser humano único, sin expectativas del tipo «tienes que ser como tu tatarabuela». Además, querían un nombre que sonara lindo en varios idiomas, para que lo pudieran pronunciar bien en distintos países y yo tuviera la oportunidad de vivir en diferentes lugares del mundo.

Nací en Venezuela en 1988. Viví ahí hasta los diecinueve años, cuando decidí mudarme a Estados Unidos para estudiar diseño gráfico y publicidad. Me fui por amor. No a mi carrera, sino a un hombre que hoy es mi esposo, Adam. Nos conocimos en Caracas, donde comenzamos nuestra relación, y cuando él tomó la decisión de irse, pues yo no lo pensé dos veces. Él se fue a Florida y yo a Georgia.

Después de cuatro años y medio de relación a distancia, ¡nos comprometimos! Adam estaba viviendo en

Miami una vida estable, con visa y con trabajo, así que me pidió que, momentáneamente, dejara mi sueño de mudarme a Nueva York para casarme e irme con él a la ciudad soleada.

En poco tiempo les di *check* a esas casillas que la sociedad te impone de una manera u otra:

- Graduarme de la universidad con dos carreras y honores.
- Encontrar trabajo en una empresa de renombre con buen salario (¡con visa!).
- Casarme con un hombre ejemplar (si lo amas, mejor aún, pero no es el requisito).
- Mudarme a un lindo apartamento y conducir un auto nuevo.

Al poco tiempo de darles *check*, *check*, *check* a cada una de esas casillas me encontré con esta pregunta: ¿Soy feliz? Me fue difícil responderla porque no era «infeliz», solo sentía que algo me faltaba, ¡pero no sabía QUÉ!, así que comencé a ir a terapia para poder escucharme a mí misma y entender qué era lo que me pasaba.

En mis sesiones descubrí la diferencia entre «ser feliz» y «estar cómoda». ¿Lo habías pensado?

Resulta que darles *check* a esas casillas que exige la sociedad conduce a alcanzar la COMODIDAD. Entonces te estarás preguntando: «¿cómo se es feliz?». La FELICIDAD solo se alcanza cuando una se propone sus propias metas, esas que te hacen feliz solo a ti. Son aquellas cosas que no haces por impresionar ni a tus padres, ni a tus colegas, ni a tu pareja, ni a tus mentores. Te pregunto: ¿qué cosas te harían feliz A TI? Y si nadie supiera que las hiciste, ¿todavía te darían felicidad?

En mi caso había una casilla particular que quería *checkear* y todavía no lo conseguía: mudarme a Nueva York. Esa era una meta cien por ciento mía, y menos mal mi terapeuta me retó a hacerla realidad. No fue fácil conseguirla, pero cuando tú deseas algo con muchas ganas, haces hasta lo que crees imposible para alcanzarlo. Y eso era lo que quería más que nada.

En Nueva York me descubrí a mí misma. Me atreví a sacar mi lado más auténtico, y hasta tomé una decisión que me cambió la vida: enfrentar mis miedos por primera vez. Pasé de decir «No, gracias» a casi todo lo que me incomodaba a decir «Okey, déjame intentarlo». Y así comenzó mi proyecto llamado *100 días sin miedo*, en el que documenté en video las experiencias que tuve por primera vez.

Durante el proyecto me reté a enfrentar TODO tipo de miedos. Comencé por algunos sencillos (igual súper alejados de mi zona de confort), como probar ostras, tomar un gato, manejar de noche, hacerme la depilación brasileña, hacerme un piercing, ir al teatro sola o emborracharme.

Ya sé lo que estás pensando: «¿¿¿Esos son tus miedos??? Por favor, esas son cosas que yo hago a diario». ¿O me equivoco? Bueno, yo las evitaba y me limitaba de muchas maneras sin darme cuenta. En el día cuarenta del proyecto, todo cambió. Los videos llegaron a manos de la prensa, y en cuestión de minutos estaban en miles de páginas web alrededor del mundo. «Mujer enfrenta 100 miedos en 100 días», decían los titulares.

Hasta celebridades como Sofía Vergara y Ashton Kutcher compartieron mi historia en sus redes. En ese momento, mis videos pasaron de ser vistos por treinta personas a tener miles de visualizaciones. Mi proyecto pasó de ser personal a ser público, y de cambiarme la vida a mí, a cambiársela a miles de personas.

Digo que en el día cuarenta todo cambió, no porque consiguiera más seguidores, sino porque tomé la decisión de afrontar retos mucho más importantes. Quería demostrarle al mundo, y a mí misma, que este proyecto era real y que estaba dispuesta a hacer cosas mucho más grandes que las que la gente hace en su día a día.

A partir de ese momento me atreví a:

- Viajar sola por el fin de semana.
- Renunciar a mi trabajo en la agencia.
- Sostener una tarántula.
- Saltar en paracaídas.
- Posar desnuda frente a una clase de dibujo.
- Hablar en público (uno de mis miedos más grandes) en la plataforma de TEDX.

El día que di mi charla TEDX culminó mi proyecto y comenzó mi nueva vida: una con miedos, pero con mucha valentía. Ya no enfrentaba un miedo al día y lo subía a YouTube: en ese momento afronté un GRAN reto que trajo una ola de temores nuevos, el reto de convertirme en emprendedora.

Mientras mis amigos trabajaban para compañías a las que antes soñaba postular, yo elegí seguir mi instinto, confiar en mi propio camino y visualizar un futuro que en ese momento era inexistente. De eso se trata emprender, de poder ver el futuro cuando nadie lo ve, de creer en tu potencial cuando nadie lo hace, y de elegir CRECIMIENTO antes que COMODIDAD una y otra vez.

¿Recuerdas lo que te dije al principio de mi historia? Que la gente confunde «felicidad» con «comodidad». Si he descubierto algo a lo largo de los años es que el enemigo más grande del éxito no es el fracaso, sino la comodidad.

La comodidad es la que nos hace conformarnos con la vida que tenemos, con la vida como nos la pintaron, en vez de exigir lo que merecemos o queremos. La comodidad nos pide que nos quedemos con parejas que ya no amamos y en ciudades o trabajos que ya superamos. La comodidad nos limita cuando queremos levantar la mano para sugerir una idea valiosa, nos calla a la hora de presentarnos ante un posible contacto y nos recuerda que «con paciencia todo llega». Falso. Con acción todo llega.

Aprendí que la vida está en nuestras manos: entre más hacemos, más logramos. Y yo me propuse llevar mi mensaje a las masas y seguir retándome día a día. Actualmente doy más de setenta conferencias al año ante audiencias de más de treinta mil personas. Publiqué mi primer libro *Hello, fears*, que quedó hermoso; tengo un podcast que grabo junto a mi esposo desde las alturas, llamado

«Desde el avión», y soy la líder del movimiento @hellofears en Instagram, con más de cien mil personas que nos acompañan a ser valientes.

¿CÓMO SE LOGRÓ TODO ESTO?

1. Me atreví a soñar en grande, cosa que da MUCHO miedo. Pero si tú limitas tus sueños, limitas tu vida.

2. Invertí en mí, lo que hace que otros quieran invertir en ti.

3. Me comprometí con mi proyecto. Nunca hubo un plan B. El plan de la A a la Z siempre fue lograrlo.

4. Aposté a la vulnerabilidad. Me mostré real y humana para lograr conectar conmigo misma y con otros. Me atreví a hablar de mis miedos en público, de mis sueños y mis fracasos.

5. Me aferré a un pensamiento de abundancia: hay para todos, nada se va a acabar. Lo que es mío me pertenece. Eso me llevó a compartir mis herramientas, mi proceso y mi realidad. Así pude cultivar una comunidad fiel que me apoya y crece conmigo.

6. Aprendí a decirle «NO» a todo lo que no me sirve, porque cada «SÍ» que daba para agradar a otros era un «NO» para mis proyectos y para mí misma.

7. Me casé con mi versión más auténtica y ayudé a mi esposo a encontrar la suya. Ambos estamos casados con nosotros mismos y el uno con el otro.

Te dejo con la pregunta que me ayuda siempre a lograr mis objetivos, sobre todo cuando el miedo toca la puerta y me pide que no me atreva a tomar acción:

¿Qué es lo mejor que te puede pasar?

Si crees mucho en ti, trabajas muy duro por tu futuro y tienes un propósito mayor, lo más probable es que lo mejor que te pueda pasar sea lo que te pase.

Para mí, lo mejor que me pudo pasar fue encontrar mi felicidad y disfrutarla a diario.

MICHELLE POLER
@HELLOFEARS

Komal Dadlani

CEO Y COFUNDADORA DE *Lab4U*

QUERIDA AMIGA:

Te escribo esta carta desde el corazón para contarte una historia personal que tiene altos y bajos, y que me dejó algunos aprendizajes que me ayudaron y que espero que te ayuden a ti también en tu camino. Son cosas que, si alguien me las hubiera dicho antes, me habrían ayudado mucho.

Ahora sé que tengo mucho por hacer, mucho por aprender y crecer, pero si me hubieses preguntado hace quince años si yo, siendo una hija de inmigrantes de India en Chile nacida en Arica, con piel de color aceituna, pelo azabache, una chica que pasó por todo el *bullying* posible en el colegio, hubiese podido cofundar una empresa o *startup* de tecnología en Sillicon Valley, te hubiese respondido «¿Qué es una *startup*?, ¿qué es Silicon Valley?». Sin embargo, hoy puedo decir con agradecimiento y orgullo que lidero una empresa de educación científica y tecnológica que busca democratizar las ciencias y cambiar la forma en la que se enseñan, una misión y un propósito que encontré hace algunos años. Llegar hasta este lugar tiene sus peripecias.

En el camino tuve varios mentores que me ayudaron a crecer y que también fueron ejemplos que seguí y continúo siguiendo. Pero cuando no supe o no tuve a quién llamar en la noche cuando no podía dormir o estaba desalentada, vi videos motivacionales de varios que ya habían pasado por lo que yo estaba pasando. Uno de esos fue *Luck is when opportunity meets preparation* («Suerte es cuando la oportunidad se encuentra con la preparación»), de Oprah Winfrey. No tuvo tanto sentido para mí hasta que vi otra charla de ella misma en la que menciona a Maya Angelou, una autora que me gusta mucho, y que dice *You have no idea what your legacy will be because your legacy is every life you touch* («Tu legado es cada vida que tocas»). Hasta ahora creo que asumes dos cosas sobre mí: que me encanta escuchar a Oprah Winfrey y que cuando más joven soñaba con ser una persona con suerte y dejar un legado, pero no tenía idea de cómo hacerlo.

Con la motivación de algunos profesores e historias de científicos chilenos, decidí estudiar Bioquímica en la Universidad de Chile. Fue un alivio tener el apoyo de mi familia para entrar a una carrera medio desconocida y no tradicional, hoy una rama que creo que es importante para la humanidad. Fue en el mundo de las ciencias que encontré mi deseo de marcar una diferencia, de ser parte de algo más. Sin embargo, esta travesía no fue fácil.

En segundo año de la universidad, diagnosticaron a mi madre de un tumor cerebral. Pasé cinco años de mi vida visitando clínicas y hospitales, y hace siete me tuve que enfrentar a uno de los momentos más difíciles por los que he pasado. Su muerte me enseñó a valorar el tiempo y la vida. No podía pasar los próximos años trabajando para cumplir los sueños mundanos de nadie más. Necesitaba tener los míos, una visión que me hiciera sentir yo misma. Es difícil entender todo esto cuando estás sufriendo y pasando por una situación difícil, pero cuando miras hacia atrás te das cuenta de lo importante que fue aprender de esa manera, lo aceptas con mayor introspección y en retrospectiva.

Quienes somos hoy es el resultado de nuestras experiencias, las buenas y las malas. Las noticias que vemos de personas que se convirtieron en exitosas de un día para otro son una falacia. Leí en Twitter un post del fundador de la misma red social que decía *It takes ten years to become an overnight success* («Se requieren diez años o más de sacrificio, perseverancia y pasión para ser exitoso»). Yo siento que el conteo de mis años comenzó en el colegio, luego en la universidad y ahora en el mundo del emprendimiento. No tenía otra alternativa que tener fe; fe en mí, fe en la vida.

Cuando comencé en el camino del emprendimiento, tomé una maleta llena de sueños y ambiciones (poca ropa y poco dinero) y me fui a Silicon Valley, la meca de los emprendimientos tecnológicos y científicos. Aprendí de mentores que me ayudaron a salir adelante, absorbí como una esponja todo lo que pude aprender para luego volver a Chile y aplicar lo aprendido. Hoy día esta *startup* tiene oficinas en Chile, México y Estados Unidos. Llevamos más de cinco años impactando en la vida de más de ciento cincuenta mil estudiantes en todo el mundo.

Si una chica morena, nacida en Arica, hija de inmigrantes que trataban de salir adelante pudo, cualquiera puede. Si bien la definición de éxito es distinta para cada uno, yo sé que quiero aprender para ser mejor cada día, para superarme, admirarme y quererme a mí misma, sin barreras mentales.

Cuando los astronautas salen del planeta Tierra, no ven fronteras. Así explican cómo son creaciones de la humanidad, y no existen en el paisaje natural. Si podemos aprender de un astronauta y del medio ambiente,

¿POR QUÉ AUTOIMPONERNOS BARRERAS MENTALES QUE NOS LIMITAN?

Aunque haya pasado por altos y bajos en el colegio, la universidad y con el emprendimiento, sé que tengo la oportunidad de cambiar mi vida. Y tú también la tienes, y de cambiar la vida de tu familia, de tus seres queridos, de tus vecinos, de este país y el mundo.

Emprender fue difícil, y lo es para todo el que se lo proponga. No es fácil hacer algo que te guste a ti y no a la sociedad o a tus padres. Requiere muchísima pasión y un nivel de locura, porque es complicado. Si fuese fácil, cualquiera lo haría. Las personas con pasión tienen el coraje de ser como son. A todos nos importa lo que dicen otros de nosotros, pero las personas con pasión no van a dejarse dominar por la opinión pública. Gracias a la autenticidad, la honestidad y la empatía que he visto en mis mentores y profesores, logré darme cuenta de que ser yo misma me resultó mejor que tratar de ser alguien que no soy.

KOMAL DADLANI

Leonor Varela

ACTRIZ, MADRE Y AUTORA

Estoy en una edad extraña, la misma con la que recuerdo a mi madre cuando yo era chiquita. O sea, «vieja» según mis recuerdos de infancia. Aunque si me preguntan, ¡me siento de veintisiete años! Pero ahora, contrariamente a cuando estaba en mi juventud, estoy más cómoda que nunca en mi propia piel. Soy la que siempre soñé ser, y no es que crea que no me falta camino por andar: deseo seguir creciendo y mi interés por la vida aumenta cada día. Madurar es un placer inmenso si va acompañado de una dosis de sabiduría, si sabemos ir recogiendo los regalos que la vida nos tenía escondidos en esos pantanos que, de alguna forma u otra, todos nos vemos forzados a atravesar. Claro que hay muchos momentos lindos, pero son los oscuros los que nos catapultan hacia el cambio.

Mis propios desafíos me han quebrado en todo sentido: mental, física, emocional y espiritualmente. Y es eso lo que me ha permitido volver a nacer más liviana, con un corazón elástico, predispuesto a la bondad y la gracia.

Por eso quiero incitar a quienes estén leyendo el libro de Belén a que no teman a esos momentos difíciles, a ese dolor que parece interminable o insoportable. Estar fuera de tu zona de confort es la oportunidad que esperabas para crecer. Tómala. Abrázala. Sé valiente y verás que hay un diamante escondido: la revelación de tu propia luz, la que no sabías que tenías. Usa ese momento como un trampolín para convertirte en la persona que siempre quisiste ser y hacer lo que siempre soñaste. Eso se llama resiliencia.

Si de paso puedes tomar de la mano a una hermana en tu camino, verás que el andar se hará más lindo. Nos merecemos la hermandad que por tanto tiempo nos han enseñado a olvidar. Juntas somos imparables.

LEONOR VARELA
@LA_LEOVARELA

Victoria Volkova

INFLUENCER Y ACTIVISTA LGBTQ+

¿Qué significa ser tú misma?

Toda la vida me esforcé mucho por descubrir cómo expresarme. Mi personalidad, mis creencias, mis pensamientos y sentimientos debían tener la forma más clara y audaz posible para que todo el mundo pudiera verlos, para que pudieran conocerme sin cruzar una sola palabra conmigo. Así descubrí la moda y el maquillaje.

Cuando tenía once años mi papá murió y eso me dejó sin palabras. Entonces mi manera de decirle al mundo por lo que estaba pasando era usar todo negro: vestirme de negro, usar barniz de uñas negro, teñirme el cabello negro, llevar botas hasta las rodillas como si fueran de combate para enfrentar la vida.

Después tuve una etapa en la que me mudé a una ciudad distinta, con gente diferente a mis amigos. Me tuve que adaptar de nuevo a ese cambio, porque en ese entonces el *bullying* era algo real, así que usé mi vestimenta como un modo de camuflaje.

Usaba ropa con más colores, como rosa, rojo y azul; jeans, camisas, polos. Me funcionó perfecto para que la gente me dejara de molestar por andar por la vida siempre de negro. Eso me daba la paz y tranquilidad que necesitaba para sobrevivir, pero aun así la gente siempre encontró la forma de hacerme saber que era diferente a los demás y que eso estaba mal.

No importa cuánto me esforzara por encajar, parecía que nunca le atinaba. Siempre había gente que tenía alguna opinión acerca de mi manera de ser, de vestir o de pensar. Ahí aprendí que nunca vas a tener al mundo entero contento, así que decidí ir por otro camino: empezar a tomar las decisiones que A MÍ me hacían feliz y que le resonaban a la persona que yo era en ese entonces.

Me empecé a hacer preguntas como «¿Qué música quiero escuchar hoy?, ¿cómo quiero lucir hoy?, ¿cómo me siento?, ¿quién quiero ser?».

Cuando empiezas a tomar decisiones que te hacen feliz, sin darle mucha importancia a lo que digan los demás, las cosas cambian. Entras a una frecuencia en la que vibras alto, en la que estás más en sintonía contigo misma y con tu verdadero propósito, y así las cosas fluyen. La vida sabe más rica cuando estamos haciendo lo que nos hace felices. Pero para que eso ocurra es necesario conocerse bien a una misma. No solo lo que nos gusta y lo que no nos gusta, sino también nuestros miedos, nuestras culpas, nuestros malos hábitos, y hacer las paces con ellos.

Lo primero es dejar de hacer las cosas por o para los demás y empezar a vivir nuestra vida para y por nosotras mismas. La vida es muy corta, y cuando dejas de querer encajar en la sociedad es como si alguien te quitara un gran peso de tu bella espalda.

Así que, chicas, tenemos una tarea importante: ya no hagas las cosas que tus padres esperan de ti, ya no te esfuerces tanto por hacer lo que crees que a tu novio le causaría una sonrisa, ya no hagas lo que tus amigas hacen solo para pertenecer. ¿Quién quieres ser el día de hoy? ¿Qué es lo que a ti te hace feliz? Si hoy fuera tu último día de vida, ¿qué te gustaría estar haciendo?

Dejar de gastar el tiempo que tenemos en cosas sobre las que no tenemos el control, disfrutar el momento, estar más en el presente, estar conectadas con nosotras mismas... todas estas son cosas que nos devuelven felicidad.

VICTORIA VOLKOVA
@VICOVOLKOV

Anahí de Cárdenas

ACTRIZ, CANTANTE, BAILARINA, MODELO

Mi nombre es Anahí de Cárdenas, soy actriz, cantante, bailarina, modelo, activista, diseñadora gráfica, madre gatuna y perruna, influencer, de todo un poco. Si le piden a mi marido que me describa les diría que soy una locomotora.

Y sí, soy una locomotora. Avanzo. Ejecuto. Concreto. Creo que es una de las partes de mí que más me gustan. Si no fuese una locomotora quizá el cáncer de mama que sobreviví hubiese terminado diferente. Quizá la depresión y todos los diagnósticos que recibí hubiesen terminado diferente.

La vida, el universo, Dios, o como quieras llamarlo, te da lo justo y necesario para hacer de ti tu mejor versión. Puede sonar trillado, pero no es hasta que empiezas a ver los problemas como oportunidades que la vida cambia.

Problemas van a haber miles, siempre. Algo de lo que no nos vamos a librar nunca es del dolor y del trabajo duro.

Pero si nos enamoramos del proceso y trabajamos para sobrepasar los problemas y las interferencias de la vida, vamos a poder vivir en gratitud. Y ese es el estado que debemos perseguir.

Claro que no me gustó que me diera cáncer. Estaba en el mejor momento de mi vida. Claro que no me gusta estar medicada, me jode. Mucho. Pero si no duermo, no rindo. Si me dejo, me enfermo. Entender el nivel de compromiso y responsabilidad que conlleva estar sana es muy grande y puede ser abrumador. El secreto está en enamorarse del proceso.

Cuando era niña y me pedían que soplara las velas de la torta de mi cumpleaños yo pedía ser feliz. Como si la felicidad fuese un fin, un estado eterno. No podría haber estado más equivocada. La vida es un sinfín de momentos, y no siempre vamos a ser felices. Pero no por eso nuestra vida es un fracaso. Nunca pensé que en ese momento —en que estaba soplando las velas— ya era feliz. Y que cada vez que recuerdo ese momento o a mis padres haciendo el esfuerzo por celebrar mi cumpleaños me siento agradecida.

No debía perseguir la felicidad. Debía agradecer por lo que ya tenía y eso, por consiguiente, me haría feliz.

Hoy en día practico la gratitud. Ya no tomo pastillas para la depresión. Tengo estabilidad laboral, amorosa y gozo de buena salud. No soy un monje tibetano ni mucho menos. Me molesto, me irrito y a veces grito, claro que sí. Pero cada vez menos. Me he dedicado a cultivar mi mundo interior, mi espiritualidad y a estudiar cómo mejorar como ser humano.

Creo mucho que estamos aquí para dejar algún tipo de huella. Primero en nosotros mismos. Irnos de este mundo siendo mejor de lo que llegamos. Ayudando a otros a ser mejores y agregar valor al mundo.

Mis reglas de vida y lo que me pregunto antes de hacer cualquier cosa son:

¿ME SUMA?

¿LE SUMA A ALGUIEN MÁS?

¿ESTOY DANDO LO MEJOR DE MÍ?

¿ESTOY AGRADECIDA?

TODO LO DEMÁS SIEMPRE CAE
POR SU PROPIO PESO.

Te dejo un ejercicio para que apliques cuando las cosas no están yendo del todo como esperas: cierra los ojos, respira. Inhala exhala y visualiza tres cosas por las cuales estás agradecida.

Siente lo que eso genera en ti: ese estado, ese amor, esa sensación cálida en el pecho. Quédate con eso. Y así, repetir siempre que puedas.

Nuestra cabeza va a querer llevarnos a lugares oscuros, es la naturaleza del ego. No la dejes. La gratitud es la luz que destruye la sombra del ego. Y no hay una sin otra. Hay que aprender a surfear la ola. Si nos caemos, siempre podemos agarrar otra. ♡

ANAHÍ DE CÁRDENAS
@ANAHIDEC

María José Terré

PERIODISTA, AUTORA, VIAJERA

Mi historia se puede resumir en tres frases que me marcaron y que se han transformado en parte de mi filosofía:

1. Mientras uno más da, más recibe.
2. No es lo mismo contarlo que vivirlo.
3. El agua es vida, y le da sentido a la mía.

Una responde al «qué», la segunda al «cómo» y la última al «por qué» hago lo que hago de mi vida. El «cuándo» y el «dónde» siempre es «aquí» y «ahora».

Transité muchos caminos para llegar al correcto. Probé rutas y tomé desvíos hasta que encontré el que, probablemente, continúe haciendo mi vida entera, porque más que un trabajo es mi misión. Porque no lo elegí, sino que algo en el universo me eligió a mí para que así fuera.

EL *qué*

Gracias a la Madre Teresa de Calcuta fue que descubrí la primera respuesta. Desde muy pequeña fue para mí un referente de mujer power porque la encontraba fuerte y luchadora, convencida de que este mundo no funcionaba del todo bien por la cantidad de pobreza que existía habiendo tanta riqueza. Recuerdo que la veía en televisión y me sorprendía que, a pesar de su metro y cincuenta y dos, se paraba estoica en las convenciones internacionales de las Naciones Unidas y no tenía tapujos en levantar su índice para repudiar a los grandes líderes por su falta de acción y responsabilidad cuando de contribuir con una gota en el mar se trataba. De ella aprendí que hay algo en pelear por los demás que te da más valentía y coraje que cuando se hace por uno mismo.

En el año 2008, cuando terminé de estudiar periodismo, sentí que, habiendo finalizado mis estudios, tenía la libertad de hacer cualquier cosa que quisiera. Y tenía hambre de mundo, quería salir a descubrir qué había más allá de lo que podía ver desde mi zona de confort y, sobre todo, quería devolver de alguna forma lo que me había tocado. Decidí partir a Calcuta a conocer el trabajo y el legado de la Madre Teresa para ponerme a disposición de lo que fuera necesario.

No quiero entrar en detalles de lo que fue esa experiencia que, bastante cercana a lo traumática y uno de los desafíos más grandes de mi vida, marcó un antes y un después en mi forma de ver el mundo y, sobre todo, en la de verme a mí misma, de probar dónde estaban mis límites y de lo que era capaz. Tenía veintidós años y me encontraba sola, por lo que llené un cuaderno con lo que iba viendo, con reflexiones y pensamientos que luego se convertirían en mi primer libro: *Los pies del silencio.*

Después de seis meses trabajando con niños enfermos y abandonados en distintos hogares que estaban bajo el cuidado de las Misioneras de la Caridad, llegó el momento de partir, por lo que me fui a despedir de la hermana Karina, la monja a cargo de los voluntarios.

—Vine aquí a entregar, hermanahermana —le dije—, pero no estoy bien. Siento que fracasé. Quería devolver y en cambio me voy habiendo recibido muchísimo más de lo que di.

—Entonces ve tranquila, hija —me contestó ella con una suave y dulce voz que recuerdo perfecto hasta el día de hoy. Y poniendo una de sus manos sobre las mías agregó—: El amor así funciona. Mientras uno más da, más recibe.

Y fue ahí cuando entendí el que sería mi propósito. Porque se volvió adictivo. El sentirse útil de una manera distinta, el dar sin esperar produce esa agradable sensación de querer más. Y me di cuenta de que no lo hacía por otros, sino que lo hacía por mí. Se sentía tan bien, que buscaba seguir sintiéndome así. La semilla que se plantó en ese viaje fue la que me llevó a repetir esa experiencia en varias ocasiones y a descubrir qué había venido a hacer. Ahora tenía que averiguar cómo.

No había forma de hacerlo sin entender primero qué significaba vivir esa otra realidad. Porque creo que la experiencia personal es única. Nadie puede ver, ni oler, ni sentir por ti. Es ese conjunto de sensaciones lo que te hace aprender y comprender otra forma de vida, lo que te abre la mente y el corazón para que puedas hacer algo al respecto con verdadero conocimiento. Y para lo que la vida me tenía preparado, necesitaba experimentarlas en mi propia piel.

Mi sueño durante años fue ser conductora de televisión en programas que contribuyeran de una forma real e informativa, generando conciencia social. Y porque la vida te va abriendo caminos solo cuando estás preparada para transitarlos, quedé seleccionada para realizar un programa en el que debía vivir una realidad que representara a la sociedad chilena durante veintiún días, el mismo nombre del *show*. Y fue entonces que encontré el «cómo».

El dar a conocer cómo viven los recolectores de basura en Chile, qué significa ser alcohólico y beber a diario, cómo es ser un carabinero de las Fuerzas Especiales, entre otras situaciones. Se podía informar de forma muy diferente a través de una entrevista y con micrófono en mano, a vivirlo personalmente en el vertedero, exponerse a peligros extremos y realizar cada una de las actividades con los involucrados durante un período de tres semanas que, según dice la ciencia, es el período de tiempo que necesitamos los seres humanos para adquirir o rechazar un hábito por completo.

«Como no es lo mismo contarlo que vivirlo» era la frase que daba inicio a los sesenta minutos de programa y la que me volvió a confirmar una vez más que para poder hablar de algo con autoridad necesitas haberlo hecho. No leído, estudiado o escuchado de alguien más. HECHO. Tú misma.

Después de terminar de grabar *21 días* mi objetivo se sentía cada vez más claro. Tenía que ir a vivirlo, así que partí a cumplir otro de mis sueños: me fui a África a trabajar con niños. Ya sabiendo lo que significaba viajar sola a lugares remotos llegué a Angola, donde trabajé como voluntaria junto a un grupo de hermanas religiosas en un pequeño dispensario médico en la mitad de una aldea llamada Kiculungo, a 800 kilómetros de Luanda. Hasta ahí llegaban a diario niños con malaria y desnutrición severa, a los que debíamos bajar la fiebre y entregar medicinas para evitar que murieran. Por las tardes enseñaba inglés y español en la única escuelita que había 200 kilómetros a la redonda, donde entraban murciélagos que planeaban por la sala de clases mientras mis alumnos, entre risas, se paraban encima de las mesas para sacarlos a latigazos usando sus camisas.

¿Por qué a Angola? No lo sé. Hay decisiones que la vida hace por nosotros. A veces solo falta entregarse y confiar. Y estar abierta a las señales. Para el funeral de mi bisabuela tuve que pasar a buscar al sacerdote reemplazante que haría la misa. Lo primero que me dijo camino a la iglesia fue que se iba a Angola un par de semanas después. Y todo fue encajando.

Tu propósito debe tener un «por qué». El por qué hacemos lo que hacemos; una explicación, un sentido y un motor. Tu motor.

Pero solo cuando estás lista el universo te permite pasar a la siguiente etapa. Años atrás había postulado a las Becas Chile para hacer un magíster en la Universidad de Columbia. A pesar de que cumplía con bastantes de los requisitos, no quedé. Siempre quise trabajar para las Naciones Unidas, por lo que postulé a distintos cargos en reiteradas ocasiones, pero tampoco tuve éxito. La vida tenía otro plan para mí.

El año 2018 conocí a Ken Surritte, fundador de WATER-*is*LIFE, una ONG internacional que se encarga de desarrollar proyectos de filtración de agua para ayudar a aquellas personas en el mundo que no tienen acceso a agua potable. Comencé trabajando como voluntaria a cargo de las comunicaciones, pero me fui involucrando cada vez más en los proyectos y misiones, participando en terreno para así crear el contenido que mostraría al mundo cómo el entregarle agua limpia a una persona le cambiaba la vida por completo.

A principios del 2019 viajé a Kenia por segunda vez para realizar un proyecto periodístico que no debía durar más de dos semanas, pero una pandemia mundial me dejó atrapada en este lejano continente sin poder volver a Chile por mucho tiempo más de lo planeado. El mundo se detuvo y mis proyectos se suspendieron, pero quedarme viviendo en Nairobi fue lo que me permitió ver de cerca la cantidad de personas que no contaban con el recurso más importante que los seres humanos necesitamos para sobrevivir después del aire que respiramos: el agua. Encontré mi «por qué»: el agua era vida.

Me ofrecí para quedarme a cargo de los proyectos de la ONG en África. Mientras no contáramos con un equipo *in situ* haciendo que las cosas pasaran, no iban a pasar. Y era yo la que tenía que hacer que pasaran. Hoy, luego de llevar tres años viviendo en Kenia, puedo decir que ha significado el mejor máster que podría haber hecho en cualquier universidad del mundo. Porque no es teoría, es práctica. Porque no se lee ni se estudia; se observa, se toca y se siente.

Hace un par de meses, Ken tomó la decisión de dar un paso al costado y dejar la ONG en mis manos. Lo asumí con orgullo y hoy soy directora ejecutiva de WATER*is*LIFE Internacional. Pero recién ahora soy capaz de tomar este desafío y hacerlo con conocimiento, porque ya lo he vivido. He estado en cientos de aldeas, campamentos y poblaciones en distintas partes del mundo; he visto con mis propios ojos que satisfaciendo esta necesidad vital no solo se producen consecuencias en la salud, sino en la educación, la economía y en el índice de mortalidad infantil que arrasa con los niños menores de cinco años. Porque he visto y escuchado las risas de los niños cuando ven salir agua limpia de una llave por primera vez. Porque sé con lo que hay que lidiar en países donde la corrupción es un cuento de cada día, más encima siendo mujer y latina.

HOY SÉ *qué* TENGO QUE HACER Y *cómo* HACERLO.

Y lo hago por una razón en especial: descubrí que eso le da sentido a mi vida. A mi paso por la tierra. Me preocupan las desigualdades y bastante a menudo pienso que este mundo no funciona de la forma correcta, pero si me quedo de brazos cruzados esperando a que otros lo cambien, probablemente me pase la vida entera. No puedo intervenir en lo que otros hacen, pero sí puedo decidir lo que hago yo. No tengo control sobre lo que me pasa, pero sí cómo uso o enfrento aquello que me sucede. La vida es más simple de lo que creemos y la libertad más grande que tenemos es la de elegir. Lo que sí y lo que no. Lo que aceptamos y lo que no dejamos entrar. Eso que nos suma y lo que no nos deja avanzar.

Si de verdad quieres algo, encuentra la forma. Y si no te gusta tu vida, cámbiala. Si no te gusta donde estás, muévete. Porque somos lo que hacemos, no lo que decimos que vamos a hacer.

Sal a buscar tus respuestas. Encuentra tu propio camino independientemente de lo que el resto haga, de lo que el resto piense. Escúchate y sigue tu intuición. Persigue tu pasión. Rodéate solo de aquellos que hagan lindo tu mundo. Enfoca tu tiempo y energía en lo que le dé valor a tu vida. Confía y sigue las señales, que nada es porque sí.

MARÍA JOSÉ TERRÉ
@COTETERRE

Paola Zurita

YOUTUBER, INFLUENCER Y EMPRESARIA

Soy Paola Zurita, me considero una persona hiperactiva y proactiva. Siempre busco integrar la filosofía de vivir la vida al máximo, haciendo de cada experiencia de vida algo inolvidable. Tengo una carrera en Marketing y una especialización en Comunicación y Estrategia Digital. Estas herramientas han sido clave para generar contenido multimedia enfocado en los temas que más me gustan e interesan: motivación, crecimiento personal, fitness, bienestar, amor propio, viajes, lujo y aventuras. Soy fundadora de #Zuriworkout, Clymb y WYSE, además de ser la creadora y host del podcast *Empieza en Ti* ;)

QUERIDA DESCONOCIDA,

Más que platicarte mi historia completa, me gustaría que te des unos instantes de tu alocada vida para enfocarte en ese sentimiento que seguramente tú también has experimentado: el creerte perdida al momento de tener que tomar tus propias decisiones. Yo lo he sentido en varias etapas de mi vida, en las que me costó muchísimo trabajo descubrir qué camino tomar, tanto en lo personal como en lo profesional.

Sí, he tenido vivencias que me han marcado y me han llevado a ser quien soy. Cuando se me detonó la psoriasis fue uno de los momentos más vulnerables de mi vida. Esta es una enfermedad autoinmune en la que tu cuerpo empieza a atacarte con dolores de cabeza, me sentía agotada, estaba súper estresada, pero seguía haciendo mi vida normal. Hasta que mi cuerpo dio un grito de ayuda y me dijo: «ya te mandé todo lo demás, ahora te voy a dar en donde no lo vas a poder ocultar», que fue con la aparición de ronchas. Estar en esta situación me llevó a cuestionarme y explorar cómo estaba internamente para saber por qué esto apareció de la noche a la mañana y poder trabajar en ello. Solo en ese momento fui consciente de que no dormía bien, no descansaba, tenía mucho estrés y hasta me sentía triste. No me sentía cómoda con mi cuerpo (aunque no relaciono la psoriasis con esto) y creo que eso genera todavía más tensión. Luego imagínate, te salen tantas ronchas que te dan ganas de esconderte. Tenía en la cara, en los brazos, en el pecho, en la espalda, no había escapatoria. Fue un golpe fuerte de realidad que me

ayudó a darme cuenta de que el trasfondo estaba relacionado con un tema emocional.

Lo que busco transmitirte al narrar esto es que cada
una de nosotras tiene derecho y debemos tomar las rien-
das de nuestras vidas, y la base para lograrlo es la conciencia personal, la misma que yo no tenía en ese entonces.
Siento que vivía en automático como un robot, sin darme cuenta de muchas cosas. Creo que eso nos ha pasado
a todas alguna vez. Actuamos de cierta manera sin darnos
cuenta de la razón, solo porque todo el mundo lo hace.

Para mí, ser consciente es estar atenta a lo que piensas, a lo que sientes, escuchar tu cuerpo, estar presente
y abrirte a ese mundo. Es tomar la decisión de empezar
a vivir desde la conciencia. Siempre lo describo como si
pudieras salirte de tu cuerpo para ver una película de lo
que está pasando en el presente. Eso además te ayuda a
no ser una persona reactiva y decidir cómo quieres actuar,
no reaccionar en automático.

Entonces, después de mucho tiempo de introspección, te puedo decir que encontré tres bases principales
para saber elegir sin miedo. La primera es conocerte a ti
misma. Después viene la parte de aceptarte como eres y,
sobre todo, serte fiel. Ahora es momento de ponernos las
pilas en el tercer pilar —y uno de los más importantes
para mí— que es el empoderamiento. No hay nadie mejor que tú para hacerlo, nadie mejor que tú para echarte
porras. Qué bonito es cuando animas a todos los demás
a darle para adelante. Cuando dices «tú puedes», «qué
bien lo haces», «eres un buenazo», «eres la mejor». Sigue haciéndolo sin dejar de echarte porras a ti misma.

Recuérdate todos los días lo valiosa que eres y lo lejos que puedes llegar. ¡Sé tú fan número uno!

La vida me presentó esta oportunidad para darte varias recomendaciones para poner esto en práctica. Así que agárrate, que ahí te van.

1. Rompe tus creencias limitantes.

Las creencias son afirmaciones, pensamientos, juicios e ideas que tenemos sobre nosotras mismas. Estas determinan el significado que asociamos a cada experiencia en particular, por insignificante que esta nos parezca. Además, tienen un gran impacto sobre la manera en que nos comportamos y los resultados que vamos teniendo. Cuando creemos en algo, actuamos como si fuera verdad, por ello es importantísimo transformar las creencias limitantes —como el «no puedo»— en creencias potenciadoras. Dicho esto, échate un clavado interno para descubrir cuáles te has impuesto tú y cuáles has tomado de la gente que te rodea o ha sido parte de tu historia.

2. Crea tu propio sueño.

Dicen por ahí que creer es crear y, para mí, no hay nada más cierto que eso. Cuando imaginas algo, lo puedes sentir y alinearte con esa idea. Todo aquello que eres capaz de imaginar, eres capaz de hacer. Una vez que hayas acabado con las falsas creencias, enfócate en convertir tus sueños en realidad, planteándote una visión concreta. Pregúntate: ¿cuál es tu sueño?, ¿en dónde estás parada exactamente?, ¿qué cambios ves en ti ahora que ya lo convertiste en realidad?, ¿cómo te sientes?, ¿qué estás haciendo diferente?, ¿cuáles son los pensamientos que tienes ahora en la mente?, ¿cómo te relacionas con tu entorno?, ¿qué cambió ahora que pudiste avanzar?

3. Honra a la versión mejorada de ti misma.

Soy fan de las libretas, de las listas y todo tipo de dibujitos, así tú también cómprate una y escribe frases cortas como: «yo puedo», «yo logré», «yo soy capaz», «yo soy feliz», «yo puedo hacer», «yo me siento bien», «yo lograré».

Después escribe el complemento a estas frases. Te comparto unos ejemplos: «Yo puedo graduarme», «Yo logré emprender», «Yo soy capaz de conseguir el trabajo de mis sueños».

Después, déjalo ir como si ya lo tuvieras y dale las gracias a la vida, a tu cuerpo, mente y corazón por las enseñanzas que viviste y las que están por venir. Acuérdate que estás en constante transformación y que lograr tu mejor versión es un trabajo de todos los días.

4. Traza tus nuevos caminos.

Ahora que ya tienes bien definidas tus nuevas creencias, sueños y lo mucho que has logrado, enfócate en inventar, experimentar, crecer, correr riesgos, romper reglas, equivocarte y divertirte. Busca nuevas rutas para lograr todo eso que te propones.

La creatividad se considera una de las habilidades más útiles para ayudar a transformarte en muchos aspectos de la vida. Desarrollándola puedes tener nuevas ideas o resolver problemas. Así que aviéntate a hacer algo que no haces seguido. Sube la montaña, ponte a cocinar, escríbele a esa persona que tantas ganas tienes de contactar, haz lo que se te pegue la gana y, sobre todo, quítate el miedo.

5. Comparte tu experiencia.

Ahora que sabes cómo empoderarte, es momento de compartir lo que aprendiste con alguien más. Escoge a un amigo o a alguien de tu familia y dile cuáles son las características que l@ hacen únic@, las razones por las que sientes admiración y cómo te inspira para seguir adelante. ¡Verás lo increíble que harás sentir a esa persona y lo gratificante que será para ti!

Espero que estos *tips* te sirvan para encontrar eso que te llena de energía, que te emociona, que te hace feliz aquí y ahora y, sobre todo, que te motiven para darle siempre para adelante con todo.

Con mucho cariño,

PAOLA ZURITA
@PAUMTZURITA

Jime Frontera

ACTRIZ, CONDUCTORA Y ACTIVISTA

¡Hola! Soy Jime Frontera. Podría contarte muchas cosas sobre mí, pero la verdad es que no me parece lo más importante. Soy una chica que pasó de mirarse al espejo y odiar todo lo que veía reflejado en él, a ser una chica que se mira en el espejo, se reconoce por lo que es, sabe que tiene virtudes y defectos y los ama con todo su ser.

Soy una chica que hoy sabe lo que vale, por encima de todo.

Son los aprendizajes de ese camino recorrido sobre cómo llegué de un lugar de odio a un lugar de amor lo que me interesa transmitirte en este maravilloso libro.

Siempre que me preguntaron «¿qué es el amor propio?» dije que es un proceso largo y complicado. Pero hoy creo que eso es mentira. Es la mentira que nos contamos para no salir de nuestra zona de confort (en la cual muy poco confortables nos sentimos), porque ya que es largo y complicado, mejor me rindo ahora mismo, porque «qué pereza que sea tan difícil, ¡no lo voy a lograr!».

Y por eso esta vez voy a decir todo lo contrario: El amor propio puede ser muy fácil e instantáneo. Solo necesitas dos cosas:

1. Querer amarte por encima de todo (incluso por encima de nuestra tan anhelada perfección).

2. Desidentificarte de tu propia mente.

QUERER AMARTE POR ENCIMA DE TODO

«Pero, Jime... ¡yo te juro que quiero amarme! Todos los días intento decirme cosas bonitas, pero no me sale, mi mente me dice solo cosas feas». ¿Te pusiste a pensar que probablemente tu mente te diga cosas feas porque cree que esa es la única manera de que vos te sientas lo suficientemente mal con vos misma como para encontrar en el odio la fuerza de voluntad que te haga lograr ser disciplinada e ir en busca de lo que «querés» para convertirte en eso que querés convertirte, porque estás convencida de que siendo así serás feliz?

Si no me seguiste el hilo, léelo otra vez. Es así. Tu mente (que en realidad está tomada por tu ego en esos momentos) te dice todas esas cosas porque la cruda verdad es que en lo más profundo de tu ser NO ESTÁS QUERIENDO SER FELIZ, ESTÁS PRIORIZANDO SER PERFECTA.

¿Por qué? Porque todavía crees que es SOLO a través de esa perfección que vas a poder conseguir la felicidad.

Y déjame decirte, compañera y amiga de la vida —que de nada te conozco, pero te amo porque en vos me veo reflejada y todas somos una—, que así nunca serás feliz.

«Si con todo lo que tienes no eres feliz, con todo lo que te falta tampoco lo serás.»

ERICH FROMM

El querer amarte por encima de todo es tener la valentía de reconocer que para poder amarse hay que aceptarse tal cual una es. Sin trampas, sin peros, sin «solo quiero cambiar esta cosita chiquita y ahí ya me amaré».

Y cuidado, eso no significa «rendirme» ante quien soy y anular todas mis posibilidades de cambio. Significa que cuando me centro profunda y sinceramente en mí, en el amor que me tengo, en que a pesar de que no me guste todo de mí, me reconozco como valiosa, hermosa, capaz y abundante. Entonces, es desde ese amor que puedo permitirme ir detrás de mis metas y mis cambios.

Esos pensamientos de odio que te comenté antes (cuyo objetivo es impulsarte a acercarte más a la versión de vos misma que querés ser) van a mutar por pensamientos que tienen el mismo fin, pero la fuerza para generar ese cambio viene desde otro lado: desde el amor. Y es ahí cuando te convertís en tu mejor amiga, porque te acompañás en esos procesos de cambio con mucho cariño, paciencia, fuerza, ganas y compasión.

La mala noticia es que el ego es muy inteligente y todavía más persistente, y siempre va a encontrar la manera de colar esos pensamientos intrusos en nuestra mente, por eso tenés que estar MUY ATENTA Y MUY FIRME EN TU AMOR PROPIO.

DESIDENTIFÍCATE DE TU PROPIA MENTE

«¿Qué es eso, Jime?». Bueno, dejar de creerte todo lo que tu mente te dice de vos misma y del mundo en el que vivís, y tráete al presente a agradecer.

Dejá de creerte ese «no sirvo para nada», «qué fea estás», «no soy lo suficientemente talentosa o exitosa», porque, como te dije, eso NO SOS VOS, es tu EGO, que en su profundidad está tan aterrado de exponerse y de que las cosas salgan mal que trata de protegerte, pero lo hace de la manera más equivocada y dañina posible.

Cuando te das cuenta de que vos no sos tu mente ni tus pensamientos, entonces aparece el presente. El verdadero SOY y el AHORA. Y en ellos está la GRATITUD, el mirar la vida misma y sentir una profunda alegría de todo lo que esta sí me regala, en vez de todo lo que le exijo y todavía no me dio.

Y ahí, en presencia y gratitud, también aparece el AMOR. Amor por todo lo que es y por una misma... el amor propio.

Y acá quiero explicar por qué digo que puede ser muy fácil e instantáneo. Porque el amor propio no es un destino, no es una meta que cumplir. El amor propio es un camino que se elige día a día o, mejor dicho, muchas veces al día.

A cada momento, desde que me miro en el espejo en la mañana, hasta cuando tengo que poner un límite a mi jefe o tener una conversación difícil con mi pareja o una amiga. Ahí aparece nuestro amor propio, que es EL AMOR CON EL QUE ELEGÍS TRATARTE A CADA MOMENTO.

Y sí, fíjate que dije ELEGÍS. Creemos que no podemos controlar la voz dentro de nuestra cabeza. Y en gran parte es así, el intento de nuestra mente queriendo controlarse a sí misma es un fracaso existencial. PERO lo que sí podemos controlar es qué hacemos con los pensamientos que nuestra mente nos trae.

Si decidimos creer que lo que nos dice es verdad, si decidimos darle importancia y sumarnos al *loop* inagotable de juicios dañinos, o si decidimos tomar distancia por unos segundos, respirar profundo, frenar el espiral negativo y acomodar cada cosa en su lugar.

Los pensamientos en su caja no son ni mentira ni verdad. Y no son mi identidad. Vos no sos tus pensamientos. En el momento en que te desindentificas de tu mente, se hace presente el aquí y ahora. Y es ese instante de claridad el que necesitás para ponerte un freno y tomar una decisión.

En ese momento ELEGÍ sacar el foco de todo lo que tenga que ver con odio, rencor y desprecio y utilizá toda tu energía en tratarte con amor, paciencia, respeto y compasión. Cambiá un pensamiento de odio por uno de amor, cerrá los ojos y agradecé hasta lo más mínimo, date un abrazo y valorá tu cuerpo vivo y funcionando para vos, visualizá, sentí, emaná y respirá amor por cada poro de tu piel.

No es un camino largo ni complicado, es un aquí y ahora constante, donde la decisión es solo tuya.

Vos podés y yo confío en vos. No idealices el cambio, solo da un paso a la vez. Esto es caerse y levantarse tooo-dos los días.

Te amo,

JIMENA FRONTERA
@JIMEFRONTERA

María Murnau

Crisis existencial

Todas y cada una de nosotras somos diferentes, aunque nos atraviesen muchas experiencias comunes. Pero ¿sabes qué hemos vivido todas sí o sí? Crisis existenciales. «¿Estoy haciendo lo que quiero con mi vida?», «¿Qué camino sigo?». Te suenan estas preguntas, ¿verdad? Son viejas amigas. Un millón de respuestas posibles pero ninguna satisfactoria.

Lo bueno de las crisis existenciales es que te hacen explorar tus posibilidades y conocerte a ti misma. Dan un poco de vértigo, pero en realidad son un período de transformación que pueden traer muchas cosas buenas. En mi caso, he acabado respetando bastante mis crisis existenciales. Si vienen, es por algo, vamos a averiguar por qué y luego resolvemos las dudas que están generando.

El mejor proyecto de mi vida salió de una de ellas. Estaba en Francia terminando mi proyecto final de la carrera.

Todos mis amigos se habían ido y me quedaba un mes por delante sola en un país bonito, pero de carácter complicado. Tocaba decidir, pero no tenía ni idea de lo que quería hacer.

Sentía una desmotivación enorme por todo y solo tenía claro que no quería volver a la ciudad donde crecí, me parecía el peor destino posible. Tenía un billete comprado para irme de *au pair* a Bruselas, una prescripción a un máster en España y llevaba más de 100 currículos enviados en Francia a la espera de respuesta, síntomas claros de mi crisis existencial. Ninguno de estos caminos me convencía, solo eran un plan de escape.

En ese desierto de desmotivación por donde iba dando vueltas, tenía mi oasis al que siempre volvía ilusionada: el feminismo. Por entonces hacía poco que lo había descubierto y me apasionaba todo lo que estaba aprendiendo. «Pero esto es solo un *hobby*, algo de lo que estoy aprendiendo… ¿o puede ser algo más? Sí, puede ser algo más, ¿cómo? Ni idea, pero para descubrirlo tengo este mes aquí sola».

Buscando sitios amenos y más actualizados para aprender sobre este tema di con la respuesta: ¡no había! No encontraba blogs o perfiles donde se hablara de estos temas que no fueran el típico tocho académico con diseño nefasto. «Yo lo haré», pensé. Para algo me tenían que servir cinco años de comunicación audiovisual.

A partir de ese momento me obsesioné con esa idea: «Cómo transmitir los mensajes feministas de forma atractiva para la gente». Empecé en todas las redes sociales con artículos e ilustraciones muy didácticas, pero divertidas.

Al mes ya tenía 15.000 seguidores en Facebook. ¡Guau! Fue un éxito inesperado.

Mi *hobby* había pasado a ser mi proyecto, un proyecto de conciencia social que estaba creciendo de manera impresionante. Nunca me había sentido tan capaz de tantas cosas. A los pocos meses el activismo ya era mi forma de vida y cuando empecé a trabajar con instituciones realizando proyectos para ellos, empezó a ser mi trabajo, mi motor y mi todo. Siete años después aún me cuesta creer todo lo que ha pasado desde entonces.

Yo era otra persona antes de todo aquello. Era muy perezosa y me encerraba en mi mundo, en general no me esforzaba por nada y buscaba la manera fácil y rápida de hacer las cosas, sin importar el resultado. Todo era parálisis por análisis: darle vueltas a todo para trazar un plan, pero nunca hacer nada.

ME SENTÍA MAL CONMIGO MISMA POR SER ASÍ, PERO CON EL TIEMPO ME HE SABIDO PERDONAR.

La desmotivación puede dejarnos en un mal escenario mucho tiempo, por eso es importante animar a la gente a perseguir sus ideas. La motivación se define como el impulso para hacer algo, mientras tengas una motivación estarás moviéndote para hacerlo, no te quedarás atrapada en el sofá.

A mí esa motivación me cambió en todos los ámbitos de mi vida, pasé de un extremo a otro. Desde entonces soy disciplinada y responsable, tengo una vida muy sana y equilibrada donde entra todo: desde mantita y peli hasta noches de fiesta, desde alimentación súper *healthy* hasta una buena pizza el fin de semana, adorar madrugar y también quedarme en la cama. Todo en su dosis es compatible y sano.

Si yo he podido hacerlo cualquiera puede, solo tienes que encontrar tu motor. No tiene que ser un proyecto de éxito, no tiene que ser algo nuevo y deslumbrante, no tienes que cambiar tu carrera laboral, debes tener un objetivo que te permita ponerte a prueba para ir superándote, con una meta dividida en etapas que puedas disfrutar al ver tu progreso y recibir tu recompensa.

Lo más importante no es la transformación y el empoderamiento que vives. Eso es genial, pero hay cosas todavía más importantes que el desarrollo personal: la felicidad. No hay mayor ilusión y felicidad que ver cómo cumples tus objetivos. Algunos sueños tienes, ¿no? ¡Pues, a perseguirlos!

MARÍA MURNAU
@FEMINISTAILUSTRADA

Eglantina Zingg

ACTIVISTA, PRESENTADORA, PODCASTER, MODELO

Quiero compartir mi experiencia esperando que sirva para motivarlas a creer en sí mismas, ayudarse unas a otras y luchar por sus sueños.

Mi nombre es Eglantina Zingg, soy una emprendedora social y profesional de la moda y el entretenimiento. Nací en Caracas, Venezuela, fui criada en el Amazonas y actualmente resido en Miami. Soy hija de Hermann y Nieves, hermana menor de Hermann y Alejandro, tía de Henrique, Máximo y Alexander.

Soy Eglantina del Carmen, llegué al mundo un 22 de abril, día de la tierra, pero soy una mujer de selva, río, mar, cielo, aire y ciudad, y disfruto estar cerca de mi gente. Siempre lucho por lo que creo justo, aunque a veces me meta en problemas.

Crecí en el Amazonas y allí aprendí tres cosas fundamentales que he aplicado en todo lo que hago y soy:

1. La humildad de entender que uno no es el centro del universo.

2. La importancia de la diversidad y coexistencia.

3. El poder de ser una mujer.

Me gusta la gente y sus tradiciones, entre más diferentes a mí, más quiero aprender. Mis referentes siempre han sido seres humanos que cada día dan lo mejor de sí sin pretender reconocimientos.

De chiquita, mis amigos eran un jaguar, un burro llamado Pom Pom y un mono capuchino (y más reciente una perrita llamada Pichurris, que extraño todos los días). En el colegio me sentía querida. Diferente, pero querida y bienvenida, aunque siempre hubo altibajos. Al colegio fui ya más grandecita, cuando tenía casi doce años y me costaba adaptarme a una serie de reglas que para mí no hacían sentido. Cuestionaba todo y ellos a mí...

Recuerdo cuando llamaron a mi mamá de la dirección para decirle: «Señora, su hija es mitómana o tiene una gran imaginación», mi mamá preguntó la razón y le dijeron que era porque yo hablaba de que tenía un tigre, un mono, etcétera. Siempre supe que no tenía que probarle nada a nadie.

También hubo un momento en que en mi colegio decían que era una líder negativa, pero fui presidenta del grupo estudiantil y desde allí colaboramos para completar el salón de computación, promoví el fútbol femenino, se amplió la biblioteca y logramos tener opciones más sanas de alimentos de la cantina. Eso me hizo entender que ser vocal por lo que te importa a veces se percibe como negativo, pero nunca debes dejar de hacerlo.

Vine a Miami para estudiar biología marina en Miami Dade Community College, mientras trabajaba con mi hermano en la constructora de la familia. Nada *fancy*, me tenía atendiendo el teléfono y haciendo los *punch-out list*.

Después de un desencuentro relacionado con el reconocimiento de mi esfuerzo en el trabajo, entendí las dinámicas familiares del respeto heredado frente al respeto ganado, y supe que el negocio familiar no era lo mío. Renuncié y tomé una oferta de modelaje que me hizo la agencia Ford, la más importante del mundo. Me mudé a New York, y luego a España y México, teniendo la oportunidad de desfilar y trabajar con las marcas más famosas de la alta costura.

Durante mi estadía en México supe que MTV buscaba a una nueva VJ y me invitaron al *casting*. En ese momento se empezaba a escribir una nueva etapa de mi vida y la felicidad era plena, pues a través de una pantalla de TV lograba estar todas las tardes en la sala de más de 25 millones de jóvenes para hablar de música y videos. Hice una carrera en MTV de la que me siento muy orgullosa, y hay muchas historias que contar de esa etapa.

Con el pasar de los años me di cuenta de que mi verdadera pasión y compromiso es con la lucha por la equidad de género e igualdad de oportunidades para las niñas y mujeres alrededor del mundo. Habiendo tenido la oportunidad de trabajar en MTV, Project Runway Latin America, y en pasarelas alrededor del mundo en Milán, París, Londres y Madrid, o siendo embajadora global de Mercedes Benz Fashion Week y La Perla, consideré que había llegado mi momento de usar esa voz para lograr cambios en la sociedad como agente de paz de las Naciones Unidas. Había comprendido que no podrá haber una sociedad justa si las niñas y mujeres no tienen igualdad de oportunidades, y pude entender la fortaleza del trabajo colaborativo, que si trabajamos en equipo vamos a llegar lejos.

Y así llega la fundación Goleadoras (www.goleadoras. org), la cual fundé y actualmente presido. Esta organización sin fines de lucro, hecha por mujeres para mujeres, utiliza el poder del fútbol para empoderar y capacitar a niñas en situaciones de riesgo, tanto físico como mental, para sobrepasar los obstáculos que les presenta la sociedad.

A través de nuestros programas, las niñas en locaciones excluidas aprenden habilidades esenciales a través del fútbol, tales como el trabajo en equipo, la perseverancia y la confianza, y también otras herramientas socioemocionales como el liderazgo, la comunicación o la resiliencia.

Nuestra labor ha dado frutos significativos. En Colombia, un grupo de niñas de nuestra organización tuvo la oportunidad de participar en el mundial de fútbol infantil en Qatar, quedando en segundo lugar. Este logro nos llena de orgullo y nos motiva a continuar trabajando por la igualdad de oportunidades para las niñas en todo el mundo. Goleadoras ha impactado la vida de más de 600 niñas en cinco países, y ha formado más de 50 entrenadoras de fútbol.

A través de mi experiencia he aprendido que la solidaridad entre mujeres es fundamental para lograr nuestros objetivos. He tenido que luchar para ser escuchada en un mundo dominado por hombres, por lo que es muy importante trabajar en nuestra confianza y creer en nuestras capacidades. Debemos ser perseverantes y nunca rendirnos ante los obstáculos, pero también hay que crear redes de mujeres en las que podamos apoyarnos en momentos de dificultades.

Entre tantas cosas que pasaron durante el transcurso de los años, llegó la pandemia. A todos nos paró y ahí encontré esa voz para conectar y comunicar con un IG *live show* llamado *Egla and Friends*, con casi cien conversaciones con amigos alrededor del mundo que son expertos en diferentes sectores. Ante toda la incertidumbre, lo único que estaba claro era valorar un abrazo, el poder vernos en una pantalla y compartir, internalizar la importancia de decirle a tus afectos cuánto los quieres.

Todo esto me motivó a aprovechar la tecnología y lanzar The Zingg, un podcast innovador que busca utilizar la tecnología y la globalización para crear conversaciones abiertas y honestas sobre temas importantes en la sociedad actual. La voz fuerte y clara detrás del podcast es un ejemplo de cómo la tecnología puede ser utilizada para amplificar las voces y las ideas de las personas en todo el mundo. A través de diferentes *outlets*, The Zingg ha creado un espacio para que personas de todas las edades, géneros y orígenes con vivencias especiales, relatos, carreras en diferentes industrias pero, sobre todo, un buen mensaje que compartir puedan hacer eco de sus experiencias y puntos de vista únicos. El objetivo del podcast es abrir conversaciones que puedan aliviar la presión social y crear una comunidad más unida, mostrándonos que tenemos más cosas en común de las que nos dividen. Como defensora de la igualdad de género y la equidad en la sociedad, estoy emocionada de ver cómo The Zingg puede ayudar a inspirar a otras personas a unirse en la lucha por la justicia social y la igualdad.

Siempre he sido capaz de adaptarme a los cambios, desde mi experiencia en el Amazonas hasta las pasarelas, la televisión y el campo de fútbol. Cada una de estas facetas ha contribuido a construir mi historia y encontrar que tenemos más cosas en común que las que nos separan. Aunque me hayan sacado de la selva, siempre llevaré algo de ella conmigo.

Desde mi perspectiva, la moda, la música y el entretenimiento pueden ser utilizados para lograr la equidad de género y brindar igualdad de oportunidades a las mujeres y niñas en todo el mundo. Como alguien que ha trabajado en estos ámbitos, he visto de primera mano el impacto positivo que pueden tener estos medios para empoderar y capacitar a las mujeres. He utilizado todo esto a favor de la organización, utilizando mi voz dentro de las plataformas para dar a conocer el proyecto, y sumando voluntades dentro de todas estas industrias a apoyar esta causa.

Sin embargo, como fundadora de Goleadoras, mi enfoque ha cambiado hacia el deporte, y en particular hacia el fútbol, como una herramienta poderosa para construir habilidades y capacidades importantes en las mujeres jóvenes. Creo que la moda, la música y el deporte pueden ser herramientas poderosas para lograr la igualdad que tanto anhelamos. Me esfuerzo por utilizar mi experiencia y mi voz para contribuir al bienestar de las mujeres y niñas de todo el mundo a través del deporte. A través de Goleadoras, hemos visto de primera mano cómo el fútbol puede transformar vidas y crear cambios positivos en la sociedad, y creo que debemos seguir utilizando estos medios para lograr empoderar a las mujeres y niñas.

He vivido, he llorado, he reído, me he maltratado, me he equivocado, me he dudado, pero siempre he seguido mi corazón, por eso procuro que por más decepciones que tenga, nunca dejar que a mi corazón le salgan callos y nunca dejar de amar sin reproches ni rencor.

La estrategia sin corazón nunca te dará la razón.

EGLANTINA ZINGG
@EGLANTINAZINGG

Macarena Achaga

MODELO, ACTRIZ, CANTANTE Y PRESENTADORA

No creo en las casualidades. Así que si estas leyendo esto, es más bien causalidad.

Recuerdo muy bien la primera vez que un libro cambió mi vida y presiento que este está a punto de cambiar la tuya… pero déjame decirte algo esencial: lo más importante, después de que pases la última página y cierres este libro por última vez, es que tomes acción.

Este libro y mil más pueden llegar a tus manos para provocarte un sin fin de *¡Aha! moments* —así le digo a esas »fichas» o «veintes» que te caen y te hacen reflexionar en algo, de una forma que jamás habías pensado—, pero si luego no tomas toda esa información que «aprendiste» y la digieres al punto de »saberla», de realmente entenderla como tuya y presionar el botón de reproducir en tu vida… entonces no habrá servido de nada.

En mi experiencia personal, he descubierto que es más fácil no hacerlo. No darle *play*. A veces por miedo, a veces porque lo que dirán los demás, a veces para no tener la opción de fracasar y a veces ni sabemos por qué. La verdad es que incluso si todo saliera mal, hermana, no pasas. Como yo lo veo: incluso si no lo logras, habrás triunfado por el simple hecho de no haberte quedado con las ganas.

No me alcanzan los dedos de las manos para contar la cantidad de veces que me dijeron NO. Ya sea que me dijeron no porque querían apagarme o porque querían protegerme, tomé la decisión consiente de que nadie, ni yo misma ni mucho menos alguien más ahí afuera iba a ser un freno para ir por mis sueños. Me tomó aún más tiempo darme cuenta de que era preferible cagarla por mí misma y no porque el resto me había querido proteger o frenar.

Y entonces aparece en mi vida una palabra mágica que quiero que te lleves hoy contigo:

Responsabilidad

Sé que da susto leer esta palabra, pero hay algo que da más miedo aún: no tomarla y que las decisiones se tomen por ti.

Créeme que si tú no estás ahí diciendo sí a las puertas correctas, las incorrectas se abrirán por ti y tú lo llamaras destino. No dejes de tomar acción por ti misma. No esperes a que mamá lo haga, papá te llame o a ese chico o chica le importes… no esperes a nada ni a nadie. Enfócate en el «qué» y no en el «cómo», y parecerá que por arte de magia todo se alinea, pero en verdad habrás sido tú dando ese primer paso, asumiendo tu deseo y diciendo que sí.

Entonces, como creo que esta es una causalidad, el mejor consejo que tengo para darte es sí. Sí, toma el riesgo; sí, múdate; sí, prueba algo nuevo; sí, supera tus miedos; sí, ve por lo que quieres; sí, sal de ahí; sí, experimenta; sí, cágala; sí, ríete; sí, sueña; sí, hazte responsable y sí…

Pon play ▶ a tu vida.

PD. ÁMATE UN CHINGO.
MACARENA ACHAGA

TU
CARTA

para el mundo

TE INVITO A ESCRIBIR TU PROPIA CARTA
DE COMPROMISO CON TU FELICIDAD

Agradecimientos

SABRINA GRANUCCI

PAMELA MAERCOVICH

ALEJANDRA MUSTAKIS

NICOLE CAFATTI

MICHELLE POLER

KOMAL DADLANI

LEONOR VARELA

VICTORIA VOLKOLVA

ANAHÍ DE CÁRDENAS

MARÍA JOSÉ TERRÉ

PAOLA ZURITA

JIME FRONTERA

MARÍA MURNAU

EGLANTINA ZINGG

MACARENA ACHAGA

Mujer power de Belén Soto
se terminó de imprimir en agosto de 2023
en los talleres de
Impresora Tauro, S.A. de C.V.
Av. Año de Juárez 343, col. Granjas San Antonio,
Ciudad de México